중국이이긴다

AGE OF CHINA

중국이 이긴다

디지털 G1을 향한 중국의 전략

정유신 지음

nomad
지식노마드

혁명은 언제나 변방에서 시작된다

처음에 패권 국가의 사람들은 이윤이 적은 저급 제품을 만드는 후발 국가들을 전혀 두려워하지 않았다. 그런 나라에서 만드는 제품은 모방품뿐이었으며, 품질도 그저 그런 수준이었다. 그러나 추격자는 제조 프로세스, 품질, 수출, 시장 점유율 등 모든 면에서 끈질기게 개선을 축적해나갔다. 많은 산업 분야에서 추격자가 패권 국가를 압박하게 되자 사람들은 어떻게 이런 일이 일어났는지 연구하기 시작했다. 추격자가 강력한 제조 역량을 갖게 된 이유를 설명하는 기사와 논문과 책이 쏟아졌다. 그중 일부로 다음과 같은 이유가 지적되었다.

- 고숙련 근로자, 자동화 기계와 결합한 시스템화되고 질서정연하며, 집중화된 제조 프로세스
- 프로세스 혁신의 빠른 전파를 가능하게 해주는 국내 경쟁자 사이의 높은 수준의 협력
- 강력한 교육 시스템
- 독특하고 상대적으로 균질한 문화

시장 점유율을 점점 확대해나가는 추격자의 힘찬 발걸음이 지속될수록, 패권 국가 안에서 경제 패권을 잃게 될 것이라는 두려움이 퍼지기 시작했다.[1]

예전에 인상 깊게 읽은 책의 한 대목이다. 여기서 패권 국가와 추격자는 각각 어느 나라일까? 아마 대부분의 독자들이 미국과 중국을 떠올릴 것이다. 하지만 틀렸다. 패권 국가는 영국이고, 강력한 추격자는 19세기 후반의 미국이다. 패러다임 전환기에는 특히 현재의 역학 구도를 연장해서 단순하게 미래를 예단하는 것은 위험하다. 패러다임이 바뀌며 만들어내는 역동적이고 극적인 변화의 가능성을 놓치기 쉽기 때문이다.

세상의 변화에는 두 가지, 주기적 변화(Cyclical change)와 구조적 변화(Structural change)가 있다. 예컨대 리먼 사태 10주년을 지나면서 제기되는 '경제 위기 10년 주기설'은 주기적 변

1 B. Joseph Pine, Mass Customization: The New Frontier in Business Competition, Harvard Business Review Press, 1992.10.1., p3~4

화이고, 요즘 귀가 따가운 디지털 4차 산업혁명은 구조적 변화다. 물론 주기적 변화도 변화의 정도가 클 때는 위험하고 불확실하다. 그러나 주기적 변화는 말 그대로 반복적이어서 패러다임 시프트는 아니다. 패러다임 시프트는 기술의 지각 변동으로 지진, 화산이 폭발하는 것 같은 기술혁명과 산업혁명에서 비롯된다. 개인적으로 현재 미국은 주기적 변화에서는 유리하지만, 구조적 변화에서 중국에 상당히 쫓기고 있다고 생각한다.

미·중 무역 전쟁은 앞으로 어떻게 전개될까? 지난 4월 미국이 중국 수입품 500억 달러에 대해 25%의 관세를 부과하자, 중국도 바로 다음 날 같은 보복 관세를 발표했다. 그러자 9월에 미국이 다시 추가로 2,000억 달러에 대해 10% 관세 폭탄을 퍼부으면서 두 나라 사이의 무역 전쟁이 확전의 길로 가고 있다. 당초 미국과 중국이 서로 타협할 것으로 기대했던 글로벌 시장에서도 미·중 무역 전쟁이 장기화할 경우 세계 실물

경제와 금융시장에 어떤 충격을 줄지에 대한 여러 의견이 나오고 있다.

미국의 선전 포고는 일부에서 이야기하듯 트럼프 대통령의 즉흥적 성격 때문이 아니라 미국 나름의 치밀한 전략적 판단이 바탕에 깔려 있다는 점이 시간이 지나면서 점점 더 명확해지고 있다. 무역 전쟁의 직접적인 이유는 엄청난 대미 흑자를 거두고 있는 중국을 압박하기 위해서다. 중국이 WTO(세계무역기구) 가입 이후 2002~2017년 동안 거둔 대미 무역 흑자 누적금액이 2조 7,268억 달러(한화 약 3,000조 원)에 이르고, 외환 보유고도 3조 1,400억 달러에 달한다. 중국 외환 보유고 증가분의 96%가 대미 무역 흑자에서 나온 것이다.

그러나 미국이 직간접으로 받게 될 경제적 불이익을 감수하면서까지 무려 1,300개 품목에 무차별 관세 폭탄을 퍼붓는 건 단지 무역 적자를 시정하는 것 이상의 다른 이유가 있다고 보아야 한다. 무역 적자가 표면적, 단기적 이유라면 좀 더 본질적이고 중장기적인 이유는 바로 미·중 간의 경제 패권 쟁탈전이다.

첫째, 기술 관점에서 이번에 관세 폭탄을 맞은 1,300개 품목 분야를 살펴보면 통신설비, 산업용 로봇, 항공기, 선박, 전기차 등에 집중되어 있다. 이들 분야는 중국 정부가 기치를 내건 '제조 2025'의 10대 전략 산업과 완전히 일치한다. 따라서 중국의 전략 산업에 세금 폭탄을 퍼붓는 건 개별적인 불공정 무역행위를 고치겠다는 게 아니라, 기술면에서 2025년 중국의 제조 강국 전환을 원천적으로 차단하겠다는 생각이 담겨있다. 최근 데이터나 정보를 보면 특허, 논문, 투자 측면에서 중국이 미국 다음으로 치고 올라오는 분야(예를 들면 인공지능, 블록체인 등 4차 산업혁명 관련 분야)가 늘고 있다. 그대로 놔두었다가는 기술에서 미국과 중국의 힘이 역전될 수도 있다고 우려할 만한 수준이 되었다. 기술 패권은 바로 경제 패권으로 연결되기 때문에 미국으로선 절대 용납할 수 없을 것이다.

둘째, GDP(국내총생산) 규모가 역전돼도 경제 패권에서 밀리게 된다. 중국은 미국이 늘 경계하는 경쟁국의 GDP 한계치, '3분의 2 룰'에 거의 근접했기 때문에 현재 미국의 강력한 경계 대상이다. '3분의 2 룰'이란 경쟁 상대국이 미국 GDP의 3분의 2 가까이 되면 미국이 인정사정없이 공격하는 규칙을 일컫는다. 과거 일본이 미국 GDP의 58.9%까지 쫓아갔을 때 미국은 플라자 합의를 통해 경제적 압박의 칼을 빼들었다. 그 후 일본은 '잃어버린 20년'이라고 불리는 장기 불황에 빠져 지금은 미국 GDP의 23.8%까지 하락했다. 현재 중국 GDP가 미국의 61.6%로 턱밑까지 추격해 왔기 때문에 미국으로선 더 이상 중국 때리기를 늦출 수 없는 상황이다.

셋째, 현재의 무역 여건이나 경제 상황이 미국에게 유리하기 때문이다. 미·중 양국이 보복 관세 공방을 계속할 경우 중국으로서는 직접적인 대응수단이 마땅치 않다. 2017년 중국의 대미 수입액은 1,300억 달러로 미국의 대중 수입액 5,050억 달러의 4분의 1 수준이다. 따라서 미국이 중국보다 더 많이 수입하는 초과수입액 즉, 3,750억 달러에 대해 추가 관세를 매긴다면, 중국은 같은 보복 관세율을 적용하더라도 수입액이 부족하기 때문에 이에 따른 마땅한 대응책이 없다.

또한 경기 사이클상 미국은 경기가 호전되고 있어 경제성장률이 2%대에서 3%대를 넘어서고 있고, 달러도 강세로 전환되고 있다. 반면 중국은 2017년 시진핑 정부 2기 출범을 앞두고 다소 무리하게 경기 확장에 나섰기 때문에 지금은 긴축이 불가피하다. 이에 따라 위안화도 최근 약세를 면치 못하고 있다. 특히 미국 연준의 본격적인 금리 인상 행보도 중국을 공격하기에 유리한 여건을 만들고 있다. 미국의 경기 호조를 바탕으로 연준은 2018년에만 4차례, 2019년에도 3~4차례 추가 금리 인상을 예정하고 있다. 다른 국가들도 달러 강세에 따른 자본 유출을 방지하려면 기준금리 인상이 불가피하다. 미국의 금리 인상 압력에 의해 금리를 인상한 국가는 경기 둔화와 민간자금 압박 등 충격을 받게 되며, 중국도 이 부담을 피할 수 없다. 게다가 중국이 안고 있는 가장 큰 구조적인 문제 중의 하나가 바로 지나치게 많은 기업 부채이다. 중국은 2008년 리먼 사태 이후 대대적인 투자(3년간 약 4조 위안)를 통해 고성장을 이루었다. 그 과정에서 발생한 생산설비 과잉, 투자 효율의 하락, 기업 부채 증가 등 불안 요인이 누적돼 있다. 특히 중국의 기업 부채는 GDP 대비 163%로 일본에서 버블이 정점이었던 1989년의 132%보다도 훨씬 높아서, 외부 쇼크가 발생하면 자칫 성장률이 급락해 악순환에 빠질 가능성이 있다. 미국은 지금 중국의 이러한 뇌관을 터뜨려 중국 경제를 악순환의 고리에 빠뜨리려 하고 있다.

따라서 현재로서는 미·중 무역 전쟁에서 미국이 더 유리해 보인다. 그러나 필자는 경기 둔화와 과다한 기업 부채 등으로 인한 단기적인 고비만 벗어난다면, 중장기적인 흐름에서는 중국이 불리할 게 없다고 생각한다. 그렇다면 중국이 당장의 불리한 형세에서 벗어나는 방법에는 어떤 것이 있을까? 첫 번째는 중국의 옥쇄 전략이다. 트럼프 정부는 2018년 11월 중간 선거를 위해 미·중 무역 전쟁을 최대한 이용하려 한다. 하지만 지나치게 강도를 높이면 중국의 옥쇄 전략에 맞닥뜨릴 수도 있다. 대표적인 것으로는 중국이 보유하고 있는 미국 국채의 매각을 들 수 있다. 현재 중국이 보유하고 있는 1조 1,819억 달러어치의 국채를 대량으로 팔면 미국의 국채 금리 즉, 장기금리가 가파르게 상승하고, 이에 직접적 영향을 받는 부동산 투자와 자동차 판매 등이 결정적 타격을 받게 된다. 물론 옥쇄 전략이란 표현대로 중국도 쉽게 쓸 수 있는 방법은 아니지만, 역으로 중국이 막다른 골목에 몰릴 경우 쓸 수 있는 강력한 카드이기 때문에 실행되지 않더라도 미국의 압박 강도를 제약하는 카드가 될 수 있다.

두 번째는 대중 압박이 장기화될수록 커지는 미국의 부담이다. 예컨대 미국의 대표 기업인 애플, GE, 보잉 등은 생산의 40%를 중국에서 하기 때문에 중국에 대한 전방위적인 압박이 장기화되면 이들의 수출도 타격이 불가피하다. 또한 이미 중국 제품 소비에 많이 노출되어 있는 미국 소비자들의 피해도 계속 확대될 것이다. 미국의 경기가 2019년 하반기 이후론 정점을 찍고 하강할 것으로 보는 전문가들이 많다. 반면에 같은 시기에 중국은 2018년 초부터 본격화하고 있는 기업 구조 조정의 효과로 경기가 상승 국면으로 전환할 가능성이 커질 것으로 보인다. 그렇게 된다면 미국이 공격하고 중국은 방어하는 현재의 구도가 역전될 수도 있다.

세 번째는 미국과 우방 사이의 갈등이다. 현재는 미국 우선주의로 인해 단기적으로 미국의 무역 적자가 축소되어 경기 확대에 도움이 되고 있으나, 그 대가로 기존 우방이던 유럽, 일본과의 관계가 약화된 틈을 중국이 파고들 수 있다. 그 대표 전략 중 하나가 일대일로인데, 중장기적으로 보면 이 또한 미국의 입지를 약화시킬 수 있는 요인이다.

예컨대 유럽과 미국의 관계는 예전과 같지 않다. 최근 마크롱 프랑스 대통령이 트럼프 대통령의 '미국 우선주의'와 미국산 무기 구입 요구를 정면 비판하면서 유럽 통합군 창설을 주장하고, 독일의 메르켈 총리도 이 구상을 지지하면서 미국과 유럽의 골이 깊어지는 느낌이다. 한편 오랫동안 중국과 소원했던 일본도 미국의 통상 압력에 대한 대응책으로 중국과의 경제 협력을 강화하는 모습이다. 2018년 10월 아베 총리는 시진핑 주석을 예방하고, 향후 양국 기업의 해외 인프라 수출 협력을 대폭 강화하기로 했다.

만약 중국이 단기적으로 1~2년의 고비를 넘긴다면 어떻게 될까? 중국은 과연 미국을 뛰어넘을 수 있을까? 이 질문에 대한 답은 크게 두 가지로 갈린다. 우선 중국이 미국을 뛰어넘을 수 없다는 주장이 있다. 앞서 언급한 과잉 투자로 인한 기업 부채 해소가 단기간에 해결될 수 없을 거라는 점, 그리고 세계 패권을 갖기 위한 조건이라 할 수 있는 언어와 통화를 중국이 아직 쥐고 있지 못하다는 점이 중요한 근거이다.

그러나 중국이 이긴다는 의견도 만만치 않다. 필자도 시간은 중국 편이라고 생각한다. 글로벌 시장에서는 지난 10년 동안 중국 경제의 경착륙 가능성에 대한 경고가 계속되었다. 매년 연말연시가 되면 중국 경착륙과 중국발 위기 등이 언론 지면을 수없이 장식했고, 서점에서는 '중국경제 붕괴론'을 주장하는 책이 베스트셀러가 되고는 했다. 하지만 현재까지도 중국 경제는 위기에 빠지지 않았으며 기대 이상으로 선전하고 있다. 2000년 당시 세계 2위인 일본 경제 규모의 4분의 1도 채 안 되던 중국이 10년 후인 2010년에 일본을 역전했고, 또 7년 후인 2017년엔 일본의 2.5배에 도달했다(다소 로맨틱하게 얘기하는 사람들은 중국이 세계 시장에서 뒤처졌던 적은 근대 이후 100년밖에 없다고 말한다).

중국이 이길 가능성을 자세히 살펴보자.

먼저 양적 분석으로 현 성장률 추세를 연결해보면 답을 얻을 수 있다. 2017년 중국의 성장률은 당초 기대보다 높은 6.9%를 기록했다. 이 추세로 가면 중국은 언제 미국을 추월할 수 있을까? 중국의 명목 국내총생산(GDP) 규모를 보자. 명목 GDP는 전년 GDP에다 실질성장률, 물가, 환율 등 3가지 변수를 반영한다. 중국의 2017년 물가상승률은 1.5%, 달러 대비 위안화 환율은 4% 이상 절상된 것으로 추정된다. 이를 감안하면 2017년 중국의 명목 GDP는 전년 대비 무려 1조 달러 이상 증가한 12조 5,000억 달러에 이른다. 2017년 중국의 명목 GDP 증가분만으로도 세계 랭킹 12위인 러시아의 명목 GDP(1조 2,831억 달러)와 맞먹는다. 이는 세계 1위 미국의 63%, 3위인 일본의 2.5배, 11위인 우리나라의 12.6배나 되는 규모이다. 따라서 지금까지의 추세(지난 5년 평균), 즉 중국이 약 6.5%, 미국이 2% 성장을 지속한다고 가정하면 12년 후인 2030년에는 미국과 중국의 명목 GDP가 거의 비슷해지거나 중국이 미국을 뛰어넘을 것으로 전망된다. 또 공교롭게도 그 때가 시진핑 정부 3기가 끝나는 시점이어서 중국은 더욱 더 GDP 역전에 총력을 다 할 것으로 보인다.

현재는 경제 규모, 첨단기술, 군사력, 문화, 정치 등 어느 측면에서나 미국이 앞서 있다. 그러나 과거 미국이 영국을 추월할 수 있었던 가장 큰 동력은 기술이 아니라 시장이었다. 마찬가지로 중국의 저력 역시 기술이 아니라 시장에서 나올 것이다. 이미 중국은 자동차, 로봇, 반도체 등 다가올 미래 주력 산업에서 세계 최대의 시장이 되었다.

질적 측면에서 보더라도 중국이 미국을 추월할 가능성이 충분하다. 바로 중국의 디지털 G1 전략 때문이다. 지금은 경제구조가 아날로그에서 디지털로 바뀌는 시점이다. 아날로그 시장에서는 새로운 주자가 기존 질서를 깨고 패권을 잡는 것은 불가능에 가깝다. 하지만 새로운 세계 질서가 만들어질 때는 패권 변화의 가능성이 매우 커진다. 중국은 미국보다 아날로그 시장에서 훨씬 뒤처져 있다. 물론 디지털 시장에서도 후발주자이지만 산업의 흐름을 정확하게 읽고 시장을 디지털로 빠르게 통합하고 있다. 예컨대 디지털을 대변하는 O2O(Online to Offline) 비즈니스와 공유경제(Shared Economy)의 성장 속도는 대단하다. 조사에 따르면 최근 중국 O2O 시장의 성장세는 가히 폭발적이다. 2012년 987억 위안(약 17조 7,000억 원)에서 2015년엔 4,189억 위안(약 75조 4,000억 원)으로 연평균 62%씩 성장했다. 유휴자산을 인터넷, 모바일로 연결해서 효율성을 높이는 공유경제도 급성장세다. 중국국가정보센터에 따르면 중국의 공유경제 시장은

2011~2015년 사이 연평균 65%의 빠른 성장을 기록했으며, 2015년 기준 약 1조 9,500억 위안(약 350조 원) 규모에 육박했다. 공유경제 서비스 종사자도 약 5,000만 명이며 노동 인구 중 5.5%, 공유경제 이용 인구는 5억 명(총인구의 37%)에 달한다. 시장 규모로만 보면 2017년 이후 이미 미국을 뛰어넘었다는 분석도 나오고 있다. 또 시간이 갈수록 중국이 미국보다 강해질 것으로 보는 다른 요인은 빅데이터와 인공지능이 가진 폭발적인 잠재력이다. 빅데이터는 '21세기의 원유'라 불릴 정도로 미래 산업의 핵심요소이다. 빅데이터가 제대로 구축되어 있지 않으면 소위 머신러닝이니 딥러닝이니 하는 4차 산업혁명의 핵심기술인 인공지능도 힘을 쓸 수가 없다. 그런데 빅데이터에 관한 한, 중국은 미국보다 훨씬 강력한 잠재력을 가지고 있다고 생각한다. 우선 중국은 인구가 미국의 거의 5배인데다, 소비자 데이터의 핵심이라 할 수 있는 결제를 플라스틱 카드가 아니라 스마트폰으로 하고 있기 때문이다. 플라스틱 카드로 결제하면 숫자 데이터만 얻을 수 있지만, 스마트

폰으로 결제하면 숫자 외에도 텍스팅 문자 정보와 카메라 동영상 정보 등 거의 3배에 가까운 소비자 정보를 얻을 수 있다. 게다가 중국은 사회주의 국가라서 그런지 개인정보 보호에 그다지 민감하지 않다. 단순하게 계산해서 인구 5배 × 데이터 3배(숫자, 문자, 동영상)에다 느슨한 규제 효과 30% 내외를 감안하면 미국보다 빅데이터를 거의 20배 더 빠르게 구축할 수 있다는 계산이 나온다.

거대 공룡 중국이 어떻게 이처럼 혁명적으로 바뀔 수 있었을까?

첫째, 먼저 모바일 기기의 확산으로 손 안에 모바일 플랫폼, 즉 가상의 디지털 시장을 갖고 있는 인구가 급증했기 때문이다. 현재 중국의 모바일 인구는 세계 최대 수준으로 약 7억 명에 달한다.

둘째, 중국 정부의 인터넷 플러스 정책이다. 인터넷과 기존 산업의 연결을 권장하는 이 정책은 모바일 플랫폼 시장을 만드는 데 크게 기여했다. 대표적으로 모바일 결제의 폭발적인 증가가 모바일 플랫폼 시장의 확대를 상징적으로 보여준다.

셋째, 아이러니컬하지만 중국 경제의 낙후성과 불편함이 오히려 새로운 기술혁명을 적극적으로 받아들이는 계기가 됐다. 과거 미국도 신대륙이었기에 빠르게 자본주의 체제를 구축할 수 있었던 것처럼 디지털로의 전환기에 있는 중국의 환경도 비슷한 면이 있다. 중국은 2000년대만 해도 전화가 있는 가정이 많지 않았다. 전화가 없는 불편한 상황 때문에 오히려 휴대폰이 나오자마자 남녀노소 모두 열광하게 됐다. 또 중국 도시 교외나 농촌에는 상점이 그다지 눈에 띄지 않는다. 쇼핑이 그만큼 불편하다는 얘기다. 이 불편함이 전자상거래를 발달시켰고 나아가 금융과 결합한 디지털 플랫폼의 급성장으로 연결됐다. 이처럼 낙후된 환경에 있다가 기술혁명으로 인해 첨단기술이 단기간에 경제생활 전반에 보급되는 현상을 립프로그(Leapfrog) 성장이라고 한다. 자기 키의 몇 배를 점프하는 개구리처럼 크게 성장하는 것을 뜻하는 말이다. 선진국의 경우 기존 기술에 익숙한 데다 이를 효율화하기 위해 온갖 법·제도와 인프라를 이미 구축한 상태라서 새로운 기술혁명에 맞는 환경을 새로 조성하려면 이해가 상충하는 지점을 조정하거나 새로운 법 제정 혹은 개정에 따른 시간이 소요되는 등의 걸림돌이 많다. 반면 중국 같은 신흥국은 이런 자충수에 걸릴 일이 없다. 인공지능, 로봇 등 4차 산업혁명의 소용돌이 속에서 중국이 매우 빠르게 치고 나오는 이유다.

중국은 디지털 G1을 목표로 하면서 디지털 시장에 승부를 걸고 있다. 디지털 시장의 비중은 전 세계 경제에서 아직 20%에 불과하지만 시간이 갈수록 디지털의 비중이 커질 것이다. 필자는 앞으로 10년 뒤에는 디지털 경제가 50%를 훌쩍 넘길 수 있다고 예상한다. 디지털 G1이 전 세계 G1이 될 수 있는 환경으로 바뀌고 있는 셈이다. 디지털 G1이 중국의 핵심 전략이 된 이유도 여기에 있다.

중국을 다녀온 한국의 학자들은 이구동성으로 중국의 발전 속도가 예상보다 빠르다고 말한다. 분명 몇 년 전만 해도 기술 수준이 낮았는데, 다시 가보니 이미 한국을 따라잡고 어떤 부분에서는 한국을 넘어서고 있다는 점에서 깜짝 놀란다. 이는 기존에 가지고 있던 생각의 틀을 넘어서는 변화를 목격했기 때문이다. 거꾸로 보면, 중국에 대한 우리의 관점과 이해가 중국의 변화와 발전을 따라가지 못하는 인식의 격차가 있다는 말이기도 하다. 부족하지만, 이 책에서 필자는 그 동안 경험한 것을 바탕으로 중국에 대한 우리의 지식 격차를 조금이나마 메워보고 싶었다. 특히 직접 목격한 중국 경제의 최근 변화와 도전을 소개하는 데 집중했다. 4차 산업혁명을 도약의 기회로 삼아 국력을 집중하는 중국의 전략과 태도를 잘 이해하는 것은 미래의 중국을 읽는 핵심이면서 동시에 조선, 반도체 등을 이을 미래의 성장동력을 찾고자 하는 우리에게도 꼭 필요한 일이라고 보았기 때문이다.

AGE OF CHINA

1장

부의 미래, 중국

1
세계의 공장에서
세계의 시장으로

소비의 판을 키우는 알리바바

2017년 11월 11일 하루 동안 중국에서 일어난 일

– 알리바바 (1위 전자상거래 업체) 소매 판매액 28조 원

– 징둥 (2위 전자상거래 업체) 소매 판매액 21조 원

– 알리바바 배송 물량 8억 1,200만 건

– 알리바바 택배 인력 300만 명

2016년 한 해 동안의 우리나라 전자상거래 거래 규모가

65조 원인데, 중국은 단 하루만에 49조 원 이상을 팔았다. 이 특별한 날을 중국에서는 '광군제(싱글데이)'라고 부른다.

광군제의 역사는 1997년으로 거슬러 올라간다. 난징대학교 학생들 몇몇이 외로운 솔로끼리 서로 챙겨 주자며 외롭게 혼자 서 있는 '1'이 4개 있는 11월 11일을 기념하기 시작했고, 이 기념일이 인터넷을 통해 퍼져 나가며 젊은이들 사이에 하나의 문화로 자리잡았다. 2009년, 중국 최대의 전자상거래 업체 알리바바는 외로움은 쇼핑으로 달래야 한다며 이 날을 마케팅에 활용했다. 알리바바는 이 날 자회사 오픈마켓인 T몰(타오바오)을 통해 대대적인 할인 행사를 열었고, 이후 매년 행사 규모가 커지면서 이제는 미국의 블랙 프라이데이를 뛰어넘는 중국 최대의 쇼핑 축제로 자리잡았다.

2017년 광군제에는 14만 개 브랜드가 참가했으며, 해외 브랜드도 6만 개나 참여했다. 이 중 167개 업체가 1억 위안(168억 원)의 매출을 올렸고, 17개 판매자가 5억 위안(841억 원), 6개 판매자가 10억 위안(1,682억 원)을 팔았다. 우리나라 기업도 광군제 열기에 동참했다. 이랜드는 T몰에서만 768억 원을 팔며 한국 기업 가운데 매출 1위를 차지했고, 2위인 아모레퍼시픽도 651억 원을 팔았다.

광군제의 폭발적인 성장동력 중 하나는 스마트폰 간편 결

중국 광군제와 미국 블랙프라이데이 주간 온라인 매출 비교			
	2015년	2016년	2017년
중국 광군제 알리바바 하루 매출	15조 원	20조 원	28조 원
미국 블랙프라이데이 주간 온라인 매출	11.9조 원	18.5조 원	21.3조 원

출처: 알리바바, 어도비

광군제 T몰 모바일 거래 비중				
	2013년	2014년	2015년	2016년	2017년
모바일 비중	14.8%	42.6%	68.7%	82%	90%

제 시스템이다. 광군제 날 T몰 주문의 90%가 알리바바의 모바일 결제 시스템인 알리페이로 이루어졌다. 가장 거래가 많을 때는 초당 주문이 32만 5,000건이었고, 결제는 초당 25만 6,000건, 데이터 처리는 초당 4,200만 건이 진행됐는데 모두 단 한 건의 오류 없이 진행됐다. 거래에서 생성된 데이터를 처리하기 위해 시간당 10만 대의 서버가 가동됐을 정도다.

알리바바는 광군제에 발생하는 엄청난 양의 주문을 처리하기 위해 빅데이터, 인공지능, 로봇 등 최신 기술을 적용했다. 알리바바는 광군제를 중국 쇼핑의 판을 키우는 축제인 동시에 미래 기술을 한 발 앞서 도입하는 장으로 활용하고 있다.

알리바바가 자체 개발한 디자인 로봇인 루반은 초당

8,000개의 디자인 배너를 만드는데, 하나도 같은 것이 없다. 2017년 광군제를 위해 루반은 4억 개의 배너를 제작했고, 소비자들은 접속할 때마다 다른 배너를 볼 수 있었다. 고객 상담용 챗봇인 디엔샤오미는 고객 문의 내용의 90%를 이해할 수 있고 고객의 감정도 읽을 수 있으며 하루 350만 명의 고객을 상담할 수 있다. 아직 챗봇이 인간을 100% 대체하지는 못하지만 광군제 날 빗발치는 고객 문의를 처리하는 데는 큰 역할을 하고 있다.

알리바바의 물류 자회사 차이냐오가 선전에 문을 연 자동화 물류 창고는 당일 배송 시대를 여는 데 기여하고 있다. 200대의 로봇이 24시간 내내 쉬지 않고 일하며 하루 100만 건의 주문을 처리하는데, 수작업보다 3배 이상 효율적이다. 로봇끼리 정보를 공유하며 업무를 분배해 사람이 통제할 필요가 없다고 한다. 또한 알리바바는 광군제 전야제 행사에 드론으로 12kg 과일 상자 6개를 5.5km 떨어진 섬에 배달하는 영상을 선보이며 배달의 미래를 제시하기도 했다.

시장을 통합하는 모바일의 힘

알리바바는 모바일을 통해 중국인의 소비 방식과 중국의

중국은 지역 간의 분절 때문에 시장 통합에 어려움이 있었다

유통 구조를 통째로 바꿔 놓았다. 모바일이 등장하기 전까지 중국은 분절된 시장이었다. 13억 인구의 중국은 지역마다(4개 직할시, 23개 성, 5개 자치구, 2개 특별행정구역) 민족, 관행, 제도, 소득 수준이 천차만별이다. 34개로 나눠진 지역 간 분절로 인해 중국의 시장 잠재력은 충분히 발휘되지 못했다. 각 지역에 진입할 때마다 각기 다른 제도와 풍습을 익혀야 하니 기업 진출은 더딜 수밖에 없었다. 분절된 시장을 아날로그 방식으로 통합하려면 몇십 년이 걸려도 부족한데, 알리바바는 모바일을 통해 단기간에 거대 통합 시장을 만들었다. 중국 정부가 확

중국 온라인 쇼핑 시장 규모

(단위: 조 위안)

	2012년	2013년	2014년	2015년	2016년	2017E	2018년E
시장 규모	1.2	1.9	2.8	3.8	4.7	5.6	6.5
소매 매출 중 온라인 쇼핑 비중	5.6%	8.0%	10.6%	12.6%	14.2%	15.5%	16.6%

출처: 중국 아이리서치

중국 모바일 결제 규모

(단위: 조 위안)

	2011년	2012년	2013년	2014년	2015년	2016년
결제액	0.1	0.2	0.5	1.2	9.3	58.8

출처: 파이낸셜타임스

중국 온라인 결제에서 모바일 결제가 차지하는 비중

(단위: %)

	2012년	2013년	2014년	2015년	2016년	2017년E	2018년E	2019년E
모바일	4.0	18.5	42.6	50.7	74.6	78.5	83.0	85.2
PC	96.0	81.5	57.4	49.3	25.4	21.5	17.0	14.8

출처: 중국 아이리서치

중국과 미국 온라인 소매 매출 비교

(단위: 100만 달러)

	2016년	2017년	2018년E	2019년E	2020년E	2021년E	2022년E
중국	403,458	499,150	599,995	700,005	794,579	880,638	956,488
미국	360,327	409,208	461,582	513,522	561,549	603,389	638,051

출처: Statistics

중국이 이긴다

대한 항공, 공항, 도로, 철도, 전기, 통신 등 인프라를 기반으로 인터넷 기업들은 상품 가격을 낮추고 배송을 강화해 중국 소비자의 삶 깊숙이 침투했다.

중국의 전자상거래 시장은 세계에서 가장 규모가 큰데, 이 전자상거래 시장을 이끄는 동력은 모바일 쇼핑이다. 중국의 스마트폰 이용자 수는 2017년 기준 7억 2,000만 명으로 인구의 51.7%에 달하며, 온라인 결제에서 모바일 결제가 차지하는 비중은 78%에 이른다.

한국과 달리 중국은 컴퓨터 보급율이 낮다. 그래서 중국인들은 스마트폰이 등장하자 컴퓨터를 건너뛰고 바로 스마트폰을 집어 들었다. 농촌 지역은 81%가 모바일 기기를 이용해 인터넷에 접속한다. 한편 신용등급이 없는 농촌 주민이나 서비스업 종사자는 신용카드를 발급받기가 어렵다. 그래서 2016년 기준 중국의 신용카드 보급률은 20%밖에 되지 않는다. 때문에 중국인들은 신용카드를 가지려고 애쓰는 대신 훨씬 간편한 모바일 기기로 결제하고 있다. 오프라인 쇼핑 환경에서 소외됐던 농촌 지역 저소득층이 모바일 쇼핑을 시작하자, 전자상거래 시장은 정체될 틈 없이 확대되고 있다.

컴퓨터 중심의 온라인 시장은 확장성이 크지 않았다. 컴퓨터를 늘 가지고 다니지는 않기 때문에 컴퓨터 중심의 거래는 뜨문뜨문 형성되는 반쪽짜리 시장이었다. 모바일 디지털이 본격화되면서 소비자들은 손 안에 완벽한 시장을 가지게 됐다. 대형 마트가 없는 시골 마을에 살아도 스마트폰만 열면 24시간 언제 어디서든 원하는 제품을 전 세계에서 구할 수 있게 되었다. 게다가 가격도 훨씬 저렴하다. 가격이 모두 공개된 디지털 시장에서 판매자들은 동일한 사양의 제품을 더 저렴한 가격으로 제공하기 위해 경쟁한다. 소비자들이 오프라인에서 온라인으로 옮겨 가자, 판매자들도 오프라인 매장을 접고 온라인에서 물건을 팔고 있다.

과거 중국 기업이 1~2개 지역을 기반으로 사업을 시작해서 확장해 나갔다면, 모바일 쇼핑이 일상화된 지금은 런칭과 동시에 중국 전역에 상품과 서비스를 공급한다. 모바일 디지털 시장의 확대로 중국 기업이 내수로 얻을 수 있는 시장 크기는 기하급수적으로 커지고 있다. 한국 기업 입장에서도 과거에 중국에 진출하려면 지역별로 유통망을 뚫고 오프라인 판매를 해야 했기 때문에 잠재력에 비해 시장이 작고 성장이 더디었다. 그러나 지금은 한국에서 중국 전역의 소비자에게 직접 서비스를 제공할 수 있다. 중국 시장의 시공간 제약이 없어진 것이다.

중국이 이긴다

2
모바일 강국에서
디지털 G1으로

중산층은 힘이 세다

2015년에 중국 중산층 인구가 처음으로 미국을 추월했다. 크레디트스위스가 발표한 '세계 부 보고서 2015'에 따르면 중국 중산층(5만~50만 달러 자산 보유) 인구는 1억 900만 명으로 미국 중산층 인구인 9,200만 명보다 많다. 세계 인구의 18%를 차지하는 중국은 전 세계 부의 10%를 보유하며, 중국 중산층은 세계 중산층 인구의 16.4%를 차지한다. 맥킨지는 중국 중산층 가구수가 2012년 14%에서 2022년 54%로 증가하고, 중산층 소비는 2012년 2조 위안에서 2022년 15조 위안으

2015년 중산층 인구수 상위 10개 국가

(단위: 만 명)

국가	중산층 인구수
중국	10,900
미국	9,200
일본	6,200
이탈리아	2,900
영국	2,800
독일	2,800
인도	2,400
프랑스	2,400
스페인	2,100
한국	1,700

출처: 크레디트스위스 '세계 부 보고서 2015'

중국 중산층 확대 전망

소득	2000년	2010년	2020년E
고소득층 (>$34,000)	0%	2%	6%
중산층 ($16,000~34,000)	1%	6%	51%
서민층 ($6,000~16,000)	63%	82%	36%
빈민층 (<$6,000)	36%	10%	7%

출처: 맥킨지 보고서

세계 PPP(Purchasing Power Parity 구매력 평가 지수) 비중 비교								
									(단위: %)
	1980	1985	1990	1995	2000	2005	2010	2015	2020E
중국	2.3	3.4	4.1	5.9	7.4	9.8	13.9	17.1	19.7
미국	21.8	22.6	22.0	20.1	20.6	19.3	16.8	15.7	14.6

출처: IMF

로 증가할 것으로 전망한다.

중국 중산층의 성장을 이끄는 주요인은 1) 경제 성장과 소득 상승, 2) 도시화, 3) 화이트칼라의 성장 세 가지이다.

먼저 지난 30년간 이어진 중국의 급속한 GDP 성장은 자연스레 소득 증가로 이어졌다. 중국의 GDP는 1987년에 2,730억 달러에 불과했으나 2016년에 11조 2,000억 달러를 기록하며 30년간 연평균 11.4% 성장해 세계 2위 규모가 됐다. 중국 도시 거주자의 가처분 소득은 2007년 1만 3,786위안에서 2016년 3만 3,616위안으로 10년간 연평균 9.6% 늘었다. 같은 기간 농촌 거주자의 가처분 소득은 4,140위안에서 1만 2,363위안으로 연평균 11.6% 성장했다. 중국의 도시화 역시 중국 중산층이 성장하는 데 큰 역할을 했다. 중국의 도시화는 빠르게 이루어졌는데, 1978년 193개 도시에서 2015년 653개 도시로 증가했다. 도시 상주 인구 역시 1978년 1억

중국 도시 등급

유형	등급	상주 인구	도시
초대형 도시	1선	1,000만 이상	베이징, 상하이, 톈진, 충칭, 광저우, 선전 등
특대 도시	2선	500~1,000만	우한, 청두, 난징, 항저우, 선양, 시안, 정저우, 하얼빈, 칭다오, 쑤저우 등
대도시	3선	300~500만	창춘, 다롄, 지난, 우시, 닝보, 푸저우, 샤먼, 창사, 쿤밍 등
	4선	100~300만	주저우, 쉬창, 통라오, 후저우 등
중도시	5선	50~100만	라싸, 커라마이, 창지에, 하미 등
소도시	6선	20~50만	
	7선	20만 이하	

출처: 코트라 보고서

도시 등급별 중산층 비중 변화

	2002년	2012년
1선	40%	16%
2선	43%	45%
3선	15%	31%
4선	3%	8%

출처: 맥킨지 보고서

7,000만 명에서 2015년 7억 7,000만 명으로 증가해, 2015년 중국의 도시화율은 56.1%에 이르렀다. 중국 정부는 도시화율을 2020년까지 60%, 2030년까지 70%로 끌어올린다는 목표

를 가지고 있다.

중국은 개혁 개방 이후 인재 육성을 위해 대학 정원 확대 정책을 꾸준히 펴왔다. 1980년에 14만 7,000명에 불과했던 대학교 졸업자수는 2016년에는 700만 명으로 늘었고, 최근 중국에는 전문대 이상 학력을 가진 인구가 1억 명에 이를 정도로 고등 교육이 확산됐다. 산업 고도화와 대학 졸업자 증가가 맞물리면서 화이트칼라 집단도 크게 성장했다.

강한 내수 시장

중국 소비 시장의 성장 추이를 살펴보면 크게 두 번의 성장 분기점이 존재한다. 첫 번째 분기점은 1990년대 중반으로 중국 시장이 개방되어 해외 자본이 대거 유치되면서 본격적으로 성장했다. 두 번째 분기점은 중국 정부가 제11차 5개년 계획(2006년~2010년)으로 수출 중심에서 내수 중심으로 성장 체제 전환을 발표한 이후이다. 연 10% 안팎으로 초고속 성장하던 중국 경제가 연 7~8%대 중고속 성장기로 진입하자, 중국 정부는 안정적인 성장 모멘텀을 이어 가기 위해 내수를 통한 경제 발전으로 성장 전략을 수정했다. GDP 대비 수출 비중은 2006년에 37.2%로 정점을 찍은 후 2016년 19.6%까지

중국 가계 소비액

(단위: 10억 달러)

1980년	1985년	1990년	1995년	2000년	2005년	2010년	2015년
98	154	174	330	560	880	2,192	4,100

출처: World Bank

중국 GDP 대비 수출 비중

(단위: %)

1980년	1985년	1990년	1995년	2000년	2005년	2010년	2015년
5.9	8.6	14	18.4	21.2	34.5	26.3	22.0

출처: World Bank

꾸준히 하락한 반면, 내수 시장은 폭발적으로 성장하는 중
이다.

중국 정부는 내수를 진작하기 위해 최저 임금 인상, 서비스
업 확대 등의 정책을 쓰고 있다. 중국 4대 도시(베이징, 상하이,
톈진, 선전)의 평균 최저 임금은 2010년 9.7 위안에서 2016년
19.5 위안으로 2배 넘게 오르는 등 최저 임금을 꾸준히 올리
며 소비 여력을 계속해서 키워가고 있다. 또한 중국 정부는 제
조업 중심에서 서비스 산업 중심으로 산업 구조를 재편하고,
고용 확대 효과가 큰 금융, 의료, 물류 등 고부가 서비스업에
대한 규제를 완화하고 있다. 중국의 GDP 대비 서비스업 비중
은 2011년 44.3%에서 2016년 51.6%로 꾸준히 증가하고 있으

중국 임금 총액 vs. 소매 판매 증가율 추이

(전년 대비, %)

— 임금 총액 증가율   — 소비 증가율

출처 : 삼성증권 리포트

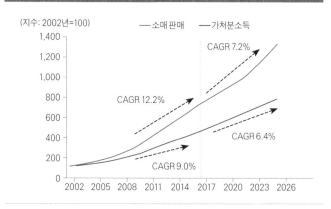

중국 도시 인구 가처분소득 vs. 소매 판매 증가 추이

(지수: 2002년=100)

— 소매 판매   — 가처분소득

CAGR 7.2%

CAGR 12.2%

CAGR 6.4%

CAGR 9.0%

출처 : 삼성증권 리포트

며, 중국 정부는 이를 2025년까지 60%로 끌어올릴 계획이다.

2008년에 세계 5위 수준이었던 중국 소비 시장은 2009년

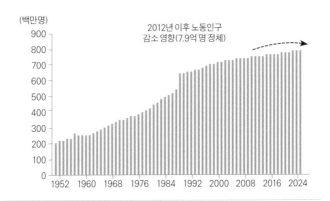

중국 임금노동자 증가 추이

(백만명)

2012년 이후 노동인구
감소 영향(7.9억 명 정체)

출처 : 삼성증권 리포트

에 영국을, 2010년에 독일을 넘어섰고, 2013년에는 일본을 추월하여 2015년 4조 1,000억 달러로 세계 2위 규모로 성장했다. 2008년 글로벌 금융 위기로 전 세계 경제가 얼어붙었을 때 중국 소비자들은 연평균 10% 이상 소비를 늘리며 세계 경제에 활력을 불어넣었다. 중국 정부는 제13차 5개년 계획 (2016년~2020년)에서 소비 주도형 성장을 통해 연평균 6.5% 성장하겠다고 발표했다. 2020년이면 중국 내수 시장 규모는 6조 5,000억 달러에 달할 전망이다.

중국 내수 시장이 성장함에 따라 중국 기업의 글로벌 점유율 순위도 높아졌다. 중국 기업은 내수에서 쌓은 자금력과 브랜드 인지도를 바탕으로 무서운 기세로 글로벌 시장에 진출

중국이 이긴다

글로벌 소비 시장의 중국 비중				
				(단위: %)
스마트폰	자동차	전기차	스마트홈	제조분유
32	27	38	30	33

출처: SA 등 업계 시장조사기관 추정치

하고 있다. 과감한 글로벌 투자·진출·M&A는 다시 중국 기업의 브랜드 이미지 상승과 기술력 제고로 이어지는 선순환 구조를 만든다.

한편, 중국이 세계 소비의 중심축으로 부상하자 글로벌 기업들도 기회의 땅 중국을 차지하기 위해 바삐 움직이고 있다. 2016년 액센추어가 다국적기업 임원 119명을 대상으로 설문을 진행했는데, 71%가 중국 투자를 늘릴 예정이고, 그 중 25%는 대폭 늘릴 것이라고 답했다.

일대일로

일대일로는 아시아와 유럽을 아우르는 광대한 경제벨트를 구축하겠다는 야심찬 구상이다. 일대일로 전략의 대상 지역은 대부분 발전이 더딘 중국의 서부 지역으로, 기본적으로 1990년대 중국 정부가 마련했던 '티(T)자형 발전 전략'의 연장

중국의 일대일로 전략

훠얼궈쓰
실크로드 경제벨트
카자흐스탄
우즈벡 우루무치
독일 키르기스스탄
그리스 터키 중국 시안
이탈리아 방글라데시
이란 파키스탄 취안저우
미얀마
21세기 해상 실크로드 예멘
스리랑카 태국
탄자니아 몰디브

선이다. 즉, 동북연해 지역으로부터 내륙 지역으로 경제 발전 효과를 확대하면서 동시에 주변국들과 중국 서부 지역을 광역경제벨트로 묶어서 상호 발전을 촉진하는 것이 목적이다. 대상 지역은 역사상 중국과 남아시아, 중앙아시아와 유럽의 문화 교류, 경제 무역에 크게 기여했던 육상 또는 해상 실크로드와 일치한다. 일대일로 연안 64개국의 경제 규모는 2016년 기준으로 세계 GDP의 16%, 인구의 53.4%, 세계 무역량의 21.7%를 차지한다. 이들 연안국과 중국의 무역량은 2016년 6조 3,000억 위안으로 중국 전체 무역량의 25.9%를 차지했다.

일대일로 실크로드는 광범위하다. 육상과 해상 실크로드의 상세 내용과 해당 지역을 살펴보자. 먼저 동서로 보면 아시아와 유럽인데, 동쪽은 중국의 연해, 중원, 서북지구로부터 중앙아시아, 러시아, 서아시아를 거쳐 서쪽 끝 유럽 서해안에 다다른다. 총길이는 동서로 보면 1만여 km, 남북으로는 지역에 따라 짧은 곳은 300km, 긴 곳은 4,000km다. 육상 실크로드의 대상국은 아시아, 유럽의 18개국이고, 관련국 인구수는 무려 30억 명이다. 이 지역은 에너지, 관광, 문화, 농업 등 자원이 풍부한, 세계에서 가장 길고 또 성장 가능성도 가장 높은 지역으로 판단된다. 중국 서북부는 신장(新疆). 샤시(陝西). 간쑤(甘肅). 닝샤(寧夏). 칭하이(青海), 서남부는 쓰촨(四川). 충칭(重慶). 윈난(雲南). 광시(廣西) 등이 경제벨트의 중심이다. 따라서 서남 4개성은 대부분 창장 경제벨트, 서북 5개성은 황허 경제벨트에 입지해 있어서 육상 실크로드는 서부의 남북, 창장과 황허 경제벨트를 잇는 새로운 경제벨트인 셈이다.

반면, 21세기 해상 실크로드는 특히 아세안 국가들과의 경제 협력이 포인트다. 범위는 과거 '정화 장군의 하서양(下西洋)' 루트와 비슷하다. 가까이로는 베트남, 필리핀, 인도네시아 등 동남아 국가들이지만 좀더 나아가면 인도양, 대서양의 남유럽, 멀리는 아프리카 국가들에까지 이른다. 중국 안에서는 일단 첫 번째 루트인 동남아로 나가는 광시, 광둥(廣東), 푸젠(福建), 저장(浙江), 하이난(海南), 윈난 등이 관문이고 그 주변이 대상 지역이다.

간단히 애기할 때 신실크로드의 육로 일대는 중국 서부를 시작으로 카자흐스탄, 키르기스스탄, 이란, 오스트리아 빈에 달하고, 해로 일로는 중국 남쪽 항구를 출발해서 싱가포르, 인도양의 실론, 아프리카 섬들을 거쳐 벨기에 앤트워프까지 이르는 경로라고 한다.

미국의 강력한 반대에도 불구하고 일대일로 사업의 자금 지원을 위한 아시아투자은행이 설립되었다. 일대일로 주변의 가난한 국가들, 특히 아시아의 국가들이 이 계획을 열렬히 환영했기 때문이다. 조사에 따르면 2010~2020년 아시아의 인프라 수요는 8조 달러로 매년 약 7,300억 달러라는 엄청난 돈이 필요한데, 현재 아시아개발은행(ADB)의 자본금 1,620억 달러만으론 턱없이 부족한 실정이다. 또 세계은행, 국제통화기금, 아시아개발은행 등 현 국제기구들은 돈을 대주는 대신 지나친 재정금융 긴축을 요구하지만 중국은 이런 까다로운 조건을 요구하지 않기 때문이다. 게다가 영국과 독일 등도 아시아에서의 자원 개발과 그에 따른 인프라 개발 기회를 얻기 위해서 중국의 손을 들어주었다.

중국 공산당 기관지인 인민일보 2018년 1월자 기사에 따르면, 동아프리카 철도망의 시작인 케냐 철도는 이미 개통되었고, 중국-라오스 철도구간 첫 터널이 뚫리는가 하면, 중국-태국 철도 1기 건설, 헝가리-세르비아 철도, 카라치 고속도로 등의 사업이 순조롭게 진행되고 있다고 보도했다. 이 밖에 중국-벨라루스 산업단지, 이집트 수에즈 경제무역 협력지대 등도 '일대일로' 경제무역 협력의 대표적인 사례로 들었다. 또한 2017년에는 일대일로 건설이 새로운 실무협력 단계로 진입해, 중국과 연선국가(일대일로에 참가하는 중국 주변국가)와의 무역액이 전년 대비 17.8% 증가한 7조 4,000억 위안에 달했으며, 중국 기업의 연선국가 직접 투자는 144억 달러, 연선국가 내 도급 사업 계약액은 1,443억 달러로 전년 대비 14.5% 증가했다고 소개했다.

그리고 조지아, 몰디브와 자유무역협정을 이미 체결했고, 몰도바, 모리셔스와는 자유무역협정 협상을 진행 중이며, 역내 포괄적 경제동반자 협정(RCEP) 협상 추진도 진전을 거듭하고 있다며 일대일로를 통한 자유무역지대 건설이 새로운 돌파구를 마련했다고 보도했다.

그 결과 2017년 1분기 중국의 GDP는 18조 653억 위안, 경제성장률은 6.9%인데, 이 중 중국과 일대일로 연선국가 간 수출입 총액이 1조 6,600억 위안을 기록하며 동기 대비 26.6% 증가해 중국 전체 무역액의 26.7%를 차지했다.

그러나 파키스탄, 라오스, 지부티 등 저개발국이 대규모 차관을 받아서 인프라 투자를 했다가 채무 상환이 어려워지자 채무 불이행 위기를 맞게 되고, 2010년 중국의 자금 지원으로 건설된 스리랑카의 함반토타 항구가 적자로 인해 2016년 지분 80%를 중국에 매각하고 99년간 항구 운영권도 넘기는 등의 부작용이 나타나면서 일대일로를 향한 주변국의 부정적 시각이 커지고 있다.

이런 부작용에도 불구하고 아시아 국가들은 중국이 가져오는 돈 때문에 중국과의 경제 협력을 거부하기는 어렵다. 이 일대일로가 초기의 부정적 결과를 극복하고 성공적으로 자리잡는다면 중국은 내륙 서부의 개발은 물론 주변국과의 교역 확대를 통해 더 큰 경제 성장동력을 가지게 될 전망이다.

3
거대한 부를 쫓는
기술 창업

부의 미래 4차 산업

김건강 씨는 밥을 먹고 꼬박꼬박 혈당을 측정한다. 혈당 정보는 혈당 측정기 업체로 실시간 전송되고, 업체는 김건강 씨의 혈당 정보를 차곡차곡 쌓아 빅데이터를 만든다. 혈당에 이상이 생기면 즉각 병원과 연결되고, 의사는 원격으로 진료해 처방한다. 김건강 씨의 혈당 정보는 보험사와 연동된다. 운동과 식이 조절로 혈당이 떨어지면 보험료가 내려가고, 혈당이 높아지면 보험료가 올라간다. 좋은 습관을 만들어 주는 이 시스템 덕분에 김건강 씨의 건강은 나날이 좋아지고 있다. 의

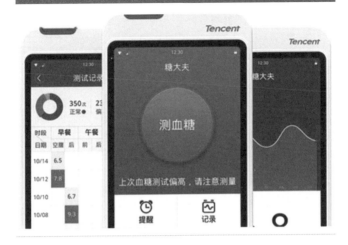

스마트폰처럼 생긴 텐센트 혈당측정기

료기기 업체, 빅데이터 업체, 병원, 보험사가 함께 운영하는 이 서비스는 역할에 맞게 수익을 나누는데, 통합 서비스를 운영한 뒤 네 기업 모두 매출이 올랐다. 의료보험제도를 효율적으로 운영할 수 있게 되어서 정부에서도 적극 장려하고 있다.

우리에게는 아직 낯설지만 중국에서는 현재 진행 중인 장면이다. 중국 온라인 보험 회사인 중안보험은 당뇨병 환자의 건강 상태를 보험료에 반영하는 '탕샤오베이'를 2015년에 출시했다. 땅이 넓은데다 인구가 많고 의료가 발달하지 않아 중국 사람들은 아파도 제대로 진료 한 번 받기가 어려운데, 진료비까지 비싸서 의료에 불만이 많다. 특히 지역 간 격차가 커서 시골 마을에 살면 의료 사각지대에 놓인다. 탕샤오베이는 디지털 기술을 이용해 의료를 파괴적으로 혁신하며 중국인의 마음을 사로잡았다.

2013년에 설립된 중안보험은 중국에서 인터넷 보험업체로 허가받은 첫 회사다. 알리바바, 텐센트, 평안보험의 조인트 벤처로 설립됐는데, 상품 설계, 자동 심사, 자동 청구, 마케팅, 위기 관리에 빅데이터를 활용한다. 글로벌 컨설팅회사 KPMG와 핀테크 투자회사 H2가 공동으로 선정해 매년 발표하는 '세계 핀테크 톱 100'에서 2015년에 1위를 차지했다. 한국보다 한참 뒤처져 보험 인력을 수입해 갔던 중국이 이제는 한국보다 서너 걸음 앞선 미래형 서비스를 내놓고 있다.

미국 기업 아마존은 마트에서 물건을 집어 들고 나오면 자동으로 계산되는 오프라인 식료품점 아마존고를 2016년에 열었다. 컴퓨터 비전, 딥러닝 알고리즘, 센서 융합 등 자율주행 자동차 기술을 접목했는데, 아마존고 앱을 켜고 쇼핑하면 선택한 물건이 자동으로 디지털 장바구니에 추가되고, 매장을 나서면 물건 값이 아마존 계정에 청구된다. 아마존의 혁신적인 움직임에 중국도 빠르게 추격하고 있다. 알리바바는 아마존 기술 이사를 스카우트해서 인공지능을 기반으로 한 무인 편의점 타오카페를 2017년에 열었다.

4차 산업혁명	
정의	디지털 기반 지능정보 혁명
특징	1) 유통 혁명: 제품과 서비스가 거래되는 메커니즘의 변화 2) 디지털 혁명: 인터넷을 기반으로 한 네트워크의 확장과 융합 3) 지능 정보 혁명: 인간과 사물이 함께 지능을 가지고 주도

디지털 기반의 지능 정보 혁명인 4차 산업혁명은 전 업종
이 부를 창출하는 메커니즘을 바꾼다. 혈당기기, 빅데이터, 보
험, 의료업체가 연합해 새로운 헬스케어 서비스를 탄생시킨
것처럼, 유통업체가 자율주행 자동차 기술을 접목해 무인 마
트를 연 것처럼 업종 간 경계 없는 융합을 통해 전에 보지 못
한 혁신적인 비즈니스가 매일 등장한다. 지금 우리가 경험하
는 것은 4차 산업혁명의 예고편에 지나지 않는다. 4차 산업혁

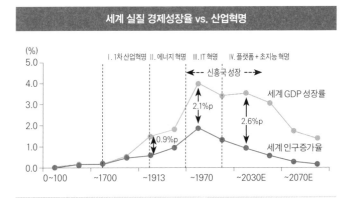

세계 실질 경제성장율 vs. 산업혁명

자료: CEIC, UN, 삼성증권

명의 변화 속도, 확장성, 잠재력은 혁명적이며 미래는 우리가 상상하는 것 그 이상을 보여줄 것이다.

기술 창업 러시

산업은 기술과 시장이 만날 때 성장한다. 시장이 충분히 크고, 소비자 니즈를 충족시키는 좋은 제품과 서비스가 있을 때 산업이 융성한다. 중국이 4차 산업혁명의 중심지로 주목받기 시작한 것은 디지털 단일 시장을 만드는 데 성공했기 때문이다. 거대 시장이 있으니 똑똑한 사업가가 연이어 출연하고 기술자들이 밤을 지새우며 개발에 매진한다.

혁신이 활발히 일어나는 지역은 대부분 거대한 시장과 연결되어 있다. 전 세계의 똑똑한 인재들이 실리콘밸리에 몰려들어 혁신에 혁신을 거듭하며 산업을 주도하는 비결도 전 세계 시장과 연결되어 있고, 성공하면 거대한 부를 얻을 수 있다는 확신이 있기 때문이다. 새로운 기술을 만들 때 시장이 작으면 산업화할 엄두를 내지 못한다. 신사업은 하이 리스크 하이 리턴이기 때문에 시장이 작으면 위험을 감수하고 시작할 동인이 부족하다. 시장이 크면 리스크를 안고 시작해 볼 인센티브가 생긴다. 그래서 투자자와 창업가가 큰 뜻을 품고 활개친다.

중국이 거대하지만 분절되어 힘이 약하던 시장을 하나의 디지털 시장으로 통합하자 기업가 정신이 뜨겁게 고양됐다. 인터넷 플러스 전략과 O2O의 확산 덕분에 그전까지 잠재력은 컸지만 법과 제도, 문화가 달랐던 31개 성(省)의 다른 시장이 거대한 시장 즉, 쉽게 말해 31배의 엄청난 온라인 싱글마켓(Single market)으로 거듭난 셈이다. 성공 확률이 높아지자 기업가가 뛰어들고, 새로운 기술에 자금을 대려는 투자가가 줄을 잇고 있다. 시장, 기술, 자금, 정책이 만나 혁신적인 제품을 선보이며, 4차 산업 선진국을 향해 돌진하고 있다.

미국은 글로벌 표준이 되는 국가로 전 세계 판매망을 통해 시장을 키운다. 중국은 아직 전 세계를 상대하기에는 역부족이지만 거대한 중국 시장만으로도 도전할 인센티브가 충분하다. 중국은 내수 시장에서의 성공 경험을 무기로 세계 시장으로 뻗어 나가는 수순을 밟는다. 알리바바는 중국 기업이 해외로 진출하는 온라인 실크로드 역할을 하고 있다. 중국이 외주 생산 기지였다면, 이제는 중국 공장이 온라인을 통해 직접 전 세계로 물건을 수출한다.

골 오리엔트 기술 개발

보스턴 컨설팅 그룹이 중국과 미국의 유니콘(기업가치 10억 달러 이상의 비상장 기업) 유형을 비교한 결과, 미국은 응용 혁신 기반 기업이 61%인 반면, 중국은 90%에 달했다. 거대 소비 시장을 차지하기 위해 뛰어든 중국 창업자들은 당장 소비자에게 효용이 큰 실용 기술 개발에 매진한다. 반면 한국은 과학에 대한 투자는 많지만 원천 기술 개발에만 주력하다 보니 '이 기술이 왜 소비자에게 중요한가' 하는 목적이 결여된 경우가 많다. 원천 기술과 실용화 사이 중간 단계가 비어 있어 쓰이지 못하고 버려지는 기술이 태반이다. 기술 변화 속도가 너무 빨라서 개발하는 동안 쓸모없어지는 경우도 많다. 시장과 기술이 맞지 않으면 자원이 낭비되는데, 중국은 분명한 목적을 향해 선택하고 집중했기에 디지털 시장을 폭발적으로 키울 수 있었다.

중국과 미국 유니콘 기술 비교		
	중국 유니콘	미국 유니콘
응용 기술	90%	61%
원천 기술	10%	39%
총 기업 수	63개	112개

출처: CrunchBase, BCG

4
자충수 없는 정부 정책

디지털 G1을 향하다

미국과 중국은 세계에 막강한 영향력을 행사하는 양대 산맥, 즉 G2(Group of 2) 국가이다. 지금은 미국이 정치, 경제, 사회, 문화 모든 면에서 중국보다 앞서 있지만 중국은 미국을 빠르게 추격하고 있다. 개인, 기업, 국가의 흥망성쇠 모멘텀은 동일한 환경에서 A가 B보다 더 노력할 때도 적은 확률로 발생하지만, 대부분은 구조적인 환경 변화가 있을 때 일어난다. 산업 구조의 가장 밑단에 있는 기반 기술이 혁명적으로 바뀌는 바로 지금이 흥망성쇠가 바뀌는 때이다. 개인, 기업, 국가의 명운

산업 혁명의 진화			
	1차 산업혁명	2차 산업혁명	3차 산업혁명	4차 산업혁명
시기	18세기	19~20세기 초반	20세기 후반	21세기 초반
기술	증기기관	전기	지식정보	디지털 지능정보
헤게모니 주도국	영국	미국, 독일	미국	미국, 중국

이 달린 지금, 누가 주도권을 잡느냐에 따라 미래 리더십이 결정된다. 선진국과 후진국은 언제든 뒤집힐 수 있는 관계이고, 글로벌 NO.1을 향해 미국을 추격하는 중국 입장에서는 새로운 산업이 탄생하는 지금이야말로 세계 패권을 장악할 수 있는 적기이다.

중국은 미국보다 아날로그 시장에서 훨씬 뒤처져 있고 디지털 시장에서도 후발주자이지만 산업의 흐름을 정확하게 읽어 시장을 디지털로 빠르게 통합했다.

중국은 이제 막 개막한 4차 산업혁명 전쟁에 승부를 건다. 중국은 4차 산업의 시장 크기, 투자액, 변화 속도가 압도적이다. 중국이 미국을 뛰어넘을지에 대한 논쟁이 격렬한 가운데 4차 산업혁명 시대가 도래하면서 중국은 실현 가능한 모멘텀을 맞았다. 중국은 디지털 G1 달성을 통해 글로벌 G1이 된다는 야망을 품고 있다. 중국은 4차 산업에서 헤게모니를 잡은 뒤 거스를 수 없는 시대 흐름을 타고 글로벌 1등 국가가 된다는 전략을 향해 나아가고 있다. 미래 거대 트렌드에 현명하게 올라탔기 때문에 전략적인 선택을 계속 잘해 나간다면 미국을 넘는 G1이 될 가능성은 충분하다.

우리는 지금 아날로그에서 디지털로, 3차 산업에서 4차 산업으로, 미국에서 중국으로 헤게모니가 이동하는 거대한 변화의 전조를 목도하고 있다. 지진이 날 것을 빠르게 예측한 동물은 살아남고 그렇지 못한 동물은 죽는 것처럼, 지금의 전조 현상을 어떻게 해석하고 대응하느냐에 따라 미래의 생사가 결정될 것이다.

자충수에 빠지면 후발주자에게 잡힌다

기술이 A → B → C로 진화할 때 기술은 서서히 확산되지 않고 한순간에 혁명적으로 전파된다. 한 기술이 보편적으로 사용되는 사회에서 새로운 기술의 상용화는 쉽지 않다. 예컨대 4G 통신 기술을 사용하는 우리의 경우 더 발전된 5G 기술이 어느 정도 개발되어 있음에도 5G 기술은 2020년경에나 상용화될 전망이다. 기존 제품 대비 효용이 크지 않은 제품을 선보이면, 새 제품은 시장 반응을 이끌어내지 못하고 쉽게 사라진다. 기업은 기술 완성도가 매우 높아 이 정도 기술이면 소비자들이 기존 제품을 버리고 새 제품을 구매할 것이라는 확신이 있을 때, 하나의 사업으로 이윤이 날 만큼 비즈니스 크기가 된다고 확신할 때 상용화를 결정한다. 잘 준비된 혁신 기술이 출현할 때 소비자의 삶이 혁명적으로 바뀐다. 휴대 전화 기능과 컴퓨터 기능이 결합된 스마트폰의 등장으로 전 세계인의 일상에 혁명적인 변화가 생긴 것처럼 말이다.

한편 기술이 A → B → C로 진화할 때, 법, 제도, 인프라 등 상부구조도 같이 변하기 마련이다. B 기술이 사회에 안착하면 B 기술이 사회에 최대한의 효용을 줄 수 있는 방향으로 법과 제도, 인프라를 만들기 위해서다. 하지만 B 기술에서 C 기술로 사회 인프라를 바꾸는 것은 쉽지 않다. 법을 바꾸려면 의회를 거쳐야 하고 사회적 합의가 이루어져야 하는데, B 기술을 둘러싼 각종 이해관계가 복잡하게 얽혀 있어 저항에 부딪히기 쉽기 때문이다. 예컨대 B 기술을 토대로 전산 시스템에 막대한 돈을 투자한 기업 입장에서는 C 기술을 위해 또 다시 투자해야 하는 상황에 거부감이 생긴다. 결국은 자기를 죽이게 되는 선택인 자충수에 발목이 잡혀 신기술은 시장화에 늦고 관련 산업도 제때 성장하지 못한다.

한국과 미국 등 선진국이 B 기술을 사용할 때 기술 발전 속도가 늦었던 중국은 A 기술에 머물러 있었다. 4차 산업으로 일컬어지는 C 기술 시대가 열리자 상황은 반전됐다. B 기술에 관한 법, 제도, 인프라, 시장 관행 등이 촘촘하게 만들어진 기술 선진국들은 C 기술을 확산하기 위해 바꿀 것이 산 넘어 산이다. 반면 중국은 이미 늦은 B 기술은 건너뛰고 A에서 C로 점프했다. 기존 시장이 효율적이지 않아 법과 제도의 충돌 없이 A 기술에서 C 기술로 쉽게 이동할 수 있었다. 기술 후발주자였던 중국은 4차 산업에서 몰라보게 성장하며 미국의 뒤를 바짝 추격하고 있다. 로마를 비롯한 제국의 흥망성쇠에 대해 생각해본다. 그 거대한 제국들이 어떻게 그리 허망하게 멸망했을까? 도전에 대해 응전을 제대로 못한 이유가 게을러서가 아니라 혹시 당시 화려한 선진문화를 일구기 위해 만들어 놓은 법, 제도, 인프라가 자충수가 되었기 때문은 아니었을까?

중국 정부의 선 허용 후 보완 정책도 시장에 활기를 불어넣고 있다. 1당 체제인 중국은 변화에 빠르고 유연하게 반응한다. 핀테크라는 새로운 금융 기술이 쏟아질 때 우리나라는 사업 승인을 미루고 소비자 제도를 먼저 만들었다. 반면 중국 정부는 산업 성장에 포커스를 맞춰 사업을 전면 허용하고, 신사업을 하는 과정에서 생기는 문제를 관용적인 관점으로 바라보다가 개선이 꼭 필요한 문제들을 하나씩 보완했다. 한국 등이 규제에 막혀 있는 사이 중국 핀테크는 금융 후진국이란 오명을 벗고 금융의 디지털화라는 신산업을 빠르게 개척하고 있다.

중국 주식회사

중국 정부는 자국 IT 산업을 철저히 보호했다. 전 세계를 주름잡는 미국의 FANG(페이스북, 아마존, 넷플릭스, 구글) 그룹조차 중국판 페이스북 '웨이보', 중국판 아마존 '알리바바', 중국판 넷플릭스 '러스왕', 중국판 구글 '바이두'에 밀려 중국에서는 뿌리내리지 못했다. 애플, 삼성, 우버를 비롯한 무수한 글로벌 기업도 중국의 카피캣 전략, 현지 밀착 서비스, 정부 비호를 뛰어넘지 못해 중국은 글로벌 기업의 무덤이라 불린다. 중국 정부가 자국 기업을 보호하는 사이, 중국 기업들은 빠르게 내수 시장을 장악하고 기술력을 확보했다.

중국은 정부와 민간이 유기적으로 협력해 하나의 중국 주식회사처럼 움직인다. 정부가 로드맵을 만들면 기업이 그 목표를 실현시키는 사회주의 특유의 톱다운(Top Down) 방식으로 4차 산업혁명을 성공적으로 이끌고 있다. 디지털 G1을 목표로 정부가 앞에서 소비를 촉진하고 뒤에서 제도로 뒷받침

하면서 민간 기업의 성장을 돕는다.

중국 정부가 경유·휘발유 등 화석연료 차량 판매를 줄여 나갈 것이라고 발표하자, 곧바로 중국 전기차 업체 BYD가 중국 자동차 시장은 2030년까지 100% 전기차 시장으로 바뀔 것이라고 발표했다. 중국의 테슬라라고 불리는 BYD는 2016년에 신에너지차를 9만 6,000대 판매했는데, 전 세계 신에너지차 시장 점유율 13%를 차지하여 미국의 테슬라를 제치고 1위에 올랐다.

20세기 세계 경제는 애덤 스미스가 주장한 보이지 않는 손에 의해 작동되어 왔다. 생산자는 소비자를 만족시키기 위해 각자 효율적으로 행동하기 때문에 중앙의 통제가 필요하지 않았다. 정부는 자신보다 효율적인 시장을 믿고, 시장 작동을 저해하는 요인을 제거했다. 하지만 빅데이터 등 4차 산업혁명 기술은 보이지 않던 것들을 보이게 만들고 있다. 빅데이터를 가지면 사람들이 원하는 것을 시장보다 더 정확하게 알 수 있다. 정확한 데이터로 정확하게 계획해 효율을 높일 수 있다. 빅데이터가 빅브라더를 만드는 시대에 모든 것을 다 볼 수 있는 중국의 사회주의는 더 강력해질 수 있다. 자본주의의 대명사 미국과 사회주의의 대명사 중국은 이처럼 다 보이는 시대를 맞아 어떤 변신을 해 나갈까?

AGE OF CHINA

2장

중국의 4차 산업 리더 그룹

1
미래를 이끄는 삼두마차
배트맨

중국 IT 재벌, BAT

바이두(Baidu), 알리바바(Alibaba), 텐센트(Tencent)는 중국 IT를 이끄는 3총사로 배트(BAT)맨이라 불린다. 바이두는 포털, 알리바바는 전자상거래, 텐센트는 소셜 네트워크 분야에서 독보적인 위치를 차지하고 있다.

중국 인터넷 기업 1위와 2위를 다투는 텐센트와 알리바바는 폭발적으로 성장 중인 반면, 바이두의 성장은 주춤하다. 중국 100대 인터넷 기업 가운데 텐센트와 알리바바의 매출 비중은 20%, 순익 비중은 83.2%(2016년 기준)에 달한다. 아시

배트맨 소개			
	바이두	알리바바	텐센트
주요 사업	포털	전자상거래, 전자결제	메신저, 게임, 전자결제
4차산업 진화	인공지능, 자율주행차	빅데이터, 클라우드	인공지능, 클라우드
설립일	2000년 1월	1999년 4월	1998년 11월
창업자	리옌훙	마윈	마화텅
본사	베이징	항저우	선전

글로벌 시가총액 순위 (2017년 11월 27일 기준)			
순위	국가	기업	시가총액(Bil USD)
1	미국	애플	894
2	미국	알파벳	739
3	미국	마이크로소프트	647
4	미국	아마존	576
5	미국	페이스북	532
6	중국	텐센트	493
7	중국	알리바바	482
8	미국	버크셔해서웨이	454
9	미국	존슨앤드존슨	371
10	한국	삼성전자	352

아 시가 총액 1위 자리를 주고받고 있는 알리바바와 텐센트는 글로벌 시가 총액 10위권에 든다. 텐센트는 페이스북을, 알리

바바는 아마존을 빠르게 추격하는데 이따금 페이스북과 아마존 시가 총액을 추월하며 전복의 기회를 엿보고 있다.

디지털이 산업 간 경계를 허물면서 배트맨은 막대한 자금력으로 유망 기업을 인수 합병하며 다른 산업에 뛰어들었다. 배트맨은 업종과 기술 구분 없이 쌍끌이 저인망식으로 인수 합병한다. 중국 기업, 글로벌 기업 할 것 없이 사들이고, 바이오, 자동차, 금융, 엔터테인먼트, 물류, 하드웨어 등 업종 구분 없이 산다. 인공지능, 로봇, 가상현실, 자율주행 자동차, 신재생 에너지 등 최첨단 기술을 싹 쓸어 담는다.

배트맨이 두려움 없이 문어발 경영을 하는 이유는 디지털 시장은 승자의 저주가 없기 때문이다. 규모를 크게 키우는 데 성공했지만 비용을 감당하지 못해 망하는 것이 승자의 저주이다. 반면 디지털 기반의 배트맨은 M&A 이후 비용 구조를 낮춘다. 오프라인 기반 산업은 공간과 인력을 사용하기 때문에 규모를 키울수록 비용이 커진다. 배트맨은 단일 디지털 플랫폼에 인수 합병한 산업을 얹음으로써 공간, 인력, 중간 유통 등 비용을 줄여 회사의 가치를 높인다. 특히 자사 플랫폼의 힘을 극대화하기 위해 O2O(Online to Offline) 사업에 집중 투자했다. 2013년 O2O 시장의 폭발적인 성장으로 다양한 분야에 많은 스타트업이 출현하자, 배트맨은 각 분야의 알짜 기업들

	바이두	알리바바	텐센트	합계
엔터테인먼트	8	6	28	42
기업서비스	8	11	11	30
차량호출서비스	5	3	10	18
인공지능	6	3	8	17
전자상거래	–	6	5	11
신소매	–	8	3	11
금융	1	1	8	10
스마트하드웨어	–	–	8	8
게임	–	–	7	7
생활	2	2	3	7
헬스케어	–	2	5	7
교육	1	–	6	7
물류	2	1	3	6
하드웨어	3	2	–	5
부동산서비스	2	–	1	3
소프트웨어	–	–	2	2
애플리케이션	1	–	–	1

2017년 배트맨 투자 업종

(단위: 건)

출처: 제옌

을 인수 합병하여 자사 플랫폼에 흡수시켰다. 배트맨의 자금력을 이기지 못한 중소기업들은 경영난을 겪거나 도산하여

중국이 이긴다

O2O 시장은 배트맨 중심으로 재편되었다.

인공지능 플랫폼을 만드는 바이두

"미래의 기회는 두뇌 노동을 해방시킨 AI에 있다."

— 리옌홍

한국에 네이버, 미국에 구글이 있다면, 중국에는 바이두가 있다. 바이두는 중국인이 애용하는 검색 사이트이다. 다른 검색 서비스와 마찬가지로 바이두 수익의 대부분은 온라인 광고에서 나온다. 중국은 디지털 광고 시장의 60%를 배트맨이 나눠 갖고 있다. PC에서 모바일로 소비자 행동 패턴이 변하면서 모바일 플랫폼을 장악한 알리바바와 텐센트의 온라인 광고 시장 점유율이 빠르게 성장하고 있는 반면, 바이두는 시장 점유율을 잃고 있다. 알리바바와 텐센트가 중국인의 삶 깊숙이 파고드는 서비스로 시장 지배율을 키우는 반면, 바이두는 검색 광고에 안주한 탓에 성장세가 내려앉았다. BAT가 AT로 바뀌고 있다고 하는 사람도 있다.

바이두 신성장동력의 양대 축은 인공지능과 자율주행 자

중국 디지털 광고 시장 점유율				
	2015년	2016년	2017년E	2018년E
바이두	28.0%	21.3%	18.9%	17.6%
알리바바	24.8%	28.9%	31.6%	33.7%
텐센트	7.8%	9.9%	12.4%	15.5%
기타	39.4%	39.9%	37.2%	33.2%

출처: eMARKETER

바이두 매출 및 당기순이익					
(단위: 100만 위안)					
	2012년	2013년	2014년	2015년	2016년
매출	22,306	31,944	49,052	66,382	70,549
- 온라인 마케팅	22,246	31,802	48,495	64,037	64,525
- 기타	60	142	557	2,345	6,024
당기순이익	10,391	10,388	12,253	32,432	11,596

출처: 바이두 연차보고서

동차이다. 바이두는 'AI FIRST'를 내세우며, 총 이익의 16%를 인공지능에 투자할 만큼 인공지능 사업에 심혈을 기울이고 있다. 2013년에 미국과 중국에 AI 연구소를 설립했고, 2014년에는 세계 3대 인공지능 권위자이자 구글의 인공지능 연구를 주도했던 앤드류 응 스탠퍼드 교수를 영입했다. 2017년에는 마이크로소프트의 인공지능 전문가이자 글로벌 경영 부

글로벌 IT 기업의 AI IQ 지수 (2016년)	
기업	지수
구글	47.3
바이두 듀얼	37.2
바이두	32.9
소우거우	32.3
마이크로소프트 빙	32.0
마이크로소프트 샤오빙	24.5
애플 시리	23.9

출처: 코넬대학교

사장인 루치를 신임 최고 운영책임자로 영입했다. 2016년 9월에는 2억 달러를 투자해 인공지능, 가상현실, 증강현실 부문에 투자하는 벤처캐피털인 바이두벤처를 설립했다. 2017년에는 중국 레이븐 테크(Raven Tech, 음성 인식), 미국 엑스퍼셉션(xPerception, 컴퓨터 비전), 미국 키트닷AI(KITT.AI, 자연어)를 인수했다. 적극적인 인재 유치와 투자, 인수 합병 노력을 통해 바이두의 인공지능 역량은 구글과 어깨를 견줄 만큼 글로벌 최고 수준으로 성장했다.

바이두는 인공지능 검색, 대화형 인공지능 소프트웨어 듀얼(Duer) OS를 전략적으로 육성하고 있다. 바이두의 이미지 인식 시스템인 딥 이미지(Deep Image)는 개 관련 사진에서 진 돗개인지 셰퍼드인지 견종까지 구분한다. 바이두의 딥 이미 지는 45만 장의 사진을 학습하고, 그 가운데 4만 장의 사진 을 특정 기준에 맞게 분류하는 시험에서 94.02%의 정확도를 보였다. 같은 해 구글의 연구팀인 구글넷(GoogleNet)이 얻은 93.34% 정확도를 능가하는 성과였다. 듀얼 OS는 하드웨어에 탑재돼 인공지능 환경을 구축하는데, 샤오미, 하이얼, 폭스콘, HTC, TCL 등 10여 개 하드웨어 제조사들과 제휴해 스마트폰, 스마트 스피커, 로봇, TV, 자동차, 웨어러블 디바이스 등 100여 종의 제품에 탑재된다. 듀얼 OS가 안드로이드, IOS처럼 기반 플랫폼으로 자리잡으면, 대화형 인공지능 생태계 선점을 통 해 검색과 콘텐츠 유통의 헤게모니를 장악하게 된다.

한편 바이두의 자율주행차 개발 사업은 '아폴로 프로젝트 (Apollo Project)'라 불리며, 미국 나사(NASA)의 첫 번째 달 탐 사 프로젝트 이름에서 따왔다. 아폴로 프로젝트는 각 분야 의 일류 기업이 참여해 만드는 오픈 플랫폼으로, 2017년 기준 70여 개 파트너사가 참여하고 있다. 출범 초기에는 로컬 완성 차 업체가 중심이었으나, 포드, 다임러, 현대차 등 글로벌 완 성차 기업으로 점차 확대되었다. 그 밖에 인공지능 기업 엔비 디아, 정밀지도업체 톰톰, 클라우드 업체 마이크로소프트 등

아폴로 프로젝트 주요 참여 업체	
구분	참여 업체
완성차	체리자동차, 중국제일기차, 장안기차, 창청자동차, 다임러, 포드, 현대차 등
제어시스템 부품	보쉬, 콘티넨탈, ZF, 더사이SV 등
자율주행 솔루션	엔비디아, 마이크로소프트, ZTE, 벨로다인, 톰톰 등
스타트업	오토노모스터프, 호라이즌 로보틱스 등
공유 자동차	유카, 그랩택시 등

도 참여하고 있다. 바이두가 투자하는 아폴로 펀드는 2017년부터 3년 동안 100개 이상의 자율주행 차량 프로젝트에 약 15억 2,000만 달러(100억 위안)를 투자한다. 2020년까지 중국 주요 도시 도로에 자율주행차를 선보일 계획이다.

자율주행차는 도로, 교통 신호, 이동 경로, 관심사, 결제 정보 등을 빅데이터로 만든다. 인텔은 2020년 기준 한 대의 자율주행차가 하루 동안 생성하는 데이터양을 4,000GB로 추정한다. 인터넷 생성 데이터인 1.5GB보다 2,600배나 많다. 자율주행차를 플랫폼으로 장악하면 미래 사업 확장 가능성은 무궁무진해질 것이다.

신유통을 창조하는 알리바바

"10~20년 안에 전자상거래라는 말은 사라지고, 온라인, 오프라인, 물류가 결합된 신유통이 지배할 것이다."

—마윈

알리바바는 중국을 대표하는 전자상거래 플랫폼으로, 온라인을 통한 모든 거래를 관장한다. 알리바바닷컴은 기업 간(B2B) 전자상거래 플랫폼, 타오바오는 소비자 간(C2C) 전자상거래 플랫폼, 티몰은 기업과 소비자 간(B2C) 전자상거래 플랫폼이다. 여기에 결제 솔루션인 알리페이가 더해졌고, 클라우드로 사업 영역을 확장했다. 알리바바는 거래액에서 월마트를 추월하며 세계 최대 유통 플랫폼 왕좌의 자리에 앉았다.

알리바바의 마윈 회장은 온오프라인의 구분이 없는 '신유통'이 미래가 될 것이라 전망한다. 온라인 기업의 오프라인 진출, 오프라인 기업의 온라인 진출, 물류와의 결합이 신유통의 핵심이다. 신유통을 이끄는 에너지원은 빅데이터이다. 알리바바는 앞으로 최대 자원은 석유가 아닌 빅데이터이기 때문에, 데이터 기업으로 거듭날 것임을 선언했다. 이후 빅데이터 기반 유통 플랫폼 서비스인 '링서우통'을 선보였다. 이는 중국 소상

알리바바와 월마트 매출 비교

(단위: 10억 달러)

	2013년	2014년	2015년	2016년
알리바바 거래액	172	274	395	485
월마트 매출	469	476	486	482

알리바바 매출 및 당기순이익

(단위: 100만 위안)

	2013년	2014년	2015년	2016년	2017년
매출	34,517	52,504	76,204	101,143	158,273
– 중국 전자상거래	29,167	45,132	62,937	84,321	119,788
– 글로벌 전자상거래	4,160	4,851	6,486	7,629	13,337
– 클라우드 컴퓨팅	650	773	1,271	3,019	6,663
– 기타	540	1,748	5,510	6,174	18,485
당기순이익	8,649	23,403	24,320	71,289	41,226

출처: 알리바바 연차보고서

공인을 대상으로 하는 B2B 구매·물류·마케팅 원스톱 서비스이다. 매장 반경 1km 내 신생아가 많으면 기저귀나 분유 제품 판매를 추천하는 등 주변 소비자의 빅데이터를 분석해 경영 솔루션을 제공하는 대기업과 소상공인의 상생 모델이다.

한편 알리바바는 물류의 본질은 물건을 더 빨리 보내는 것이 아니라 재고 관리를 더 잘해 재고를 제로로 만드는 것이라

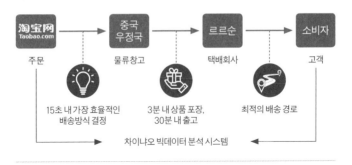

알리바바 계열사 '차이냐오'의 물류 시스템

淘宝网 Taobao.com → 중국 우정국 → 르르순 → 소비자

주문 / 물류창고 / 택배회사 / 고객

15초 내 가장 효율적인 배송방식 결정 / 3분 내 상품 포장, 30분 내 출고 / 최적의 배송 경로

차이냐오 빅데이터 분석 시스템

본다. 알리바바 물류 계열사인 차이냐오는 파트너 배송업체에 빅데이터 분석 시스템을 제공한다. 아마존은 대형 화물기를 빌려 직접 배송하는데 반해, 알리바바는 물류 창고나 택배업무를 직접 하지 않고 파트너사와 협력한다.

차이냐오는 매일 중국 택배 물량의 70%인 4,200만 건을 전 세계 224개국, 중국 내 2,800개 지역에 배송한다. 중국 전역에는 24시간 이내, 해외에는 72시간 이내에 배송하는 것을 목표로 한다. 더 많은 물량을 더 빠르게 배송하는 비결은 사전 예측 시스템이다. 재고, 판매량, 소비 패턴을 분석해 소비자와 가까운 창고에 미리 제품을 가져다 둔다. 또 차이냐오 빅데이터 시스템은 소비자가 물건 구입 후 15초 내에 어떤 창고와 택배 회사를 거치면 가장 효율적인지를 결정한다. 때문에 비용을 줄이면서도 확장성을 키울 수 있다.

알리바바가 주력하는 또 다른 분야는 클라우드이다. 자본, 노동, 토지는 전통적인 3대 생산 요소이다. 알리바바는 클라우드를 가상 토지와 같다고 보고, 클라우드 서비스는 토지 임대 사업이며, 고객은 소작농이라 보고 있다. 토지의 질과 기후가 농사에 영향을 미치듯이, 알리바바는 고객사가 혁신하기 좋은 클라우드 환경을 제공한다.

인공지능이 확산되면서 핵심 인프라인 클라우드 시장은 황금기에 접어들 것으로 예견된다. 인공지능은 방대한 데이터 분석이 필요한데, 클라우드는 기존 IT 서비스의 25% 비용으로 서비스를 제공한다. 알리바바의 목표는 클라우드를 통

2016년 IaaS 공공 클라우드 서비스 시장 점유율			
사업자	매출 (백만 USD)	시장 점유율 (%)	전년 대비 성장률 (%)
아마존웹서비스	9,775	44.2	45.9
마이크로소프트	1,579	7.1	61.1
알리바바	675	3.0	126.5
구글	500	2.3	100.0
랙스페이스	484	2.2	5.0
기타	9,147	41.2	13.2
총	22,160	100.0	31.4

출처: 가트너

해 1,000만 개 기업에 기술 플랫폼을 제공하는 것이다. 아직 세계 시장 점유율은 3%에 지나지 않지만, 중국 내수 시장 점유율 40%를 차지하며 빠르게 성장하는 중이다.

모든 것을 연결하는 텐센트

"텐센트가 오픈 플랫폼을 처음 얘기할 때만 해도 우리는 한 그루 나무에 불과했지만 5년이 지난 지금 우리의 생태계는 거대한 숲이 됐다. 텐센트는 모든 것을 연결하는 모든 것의 출발점이다."

— 마화텅

중국에서 가장 큰 인터넷 기업인 텐센트의 양대 사업은 메신저와 게임이다. 텐센트는 2011년 중국판 카카오톡인 모바일 메신저 위챗을 선보였고, 2017년 기준 월간 9억 명이 활발히 사용하는 국민 메신저로 자리잡았다.

텐센트의 핵심 경쟁력은 위챗의 개방성이다. 중국 사람들은 모든 것을 연결하는 위챗 플랫폼에서 일상의 모든 것을 해결한다. 식당과 병원을 예약하고, 음식을 주문하고, 콜택시를 부르고, 쇼핑과 게임을 즐긴다. 돈을 송금하고, 물건을 사

위챗 Active 이용자 수						

(단위: 100만 명)

2011년	2012년	2013년	2014년	2015년	2016년	2017년 2분기
50	161	355	500	697	889	963

텐센트 매출 및 당기순이익					

(단위: 100만 위안)

	2012년	2013년	2014년	2015년	2016년
매출	43,894	60,437	78,932	102,863	151,938
– 게임, 소셜 네트워크	35,718	44,985	63,310	80,669	107,810
– 온라인 광고	3,382	5,034	8,308	17,468	26,970
– 기타	4,794	10,418	7,314	4,726	17,158
당기순이익	12,785	15,563	23,888	29,108	41,447

출처: 텐센트 연차보고서

고 QR 코드로 결제한다. 텐센트는 직접 서비스를 제공하지 않고, 외부 파트너들이 서비스를 제공할 수 있는 판 역할을 한다. 위챗 플랫폼에는 20만 개 이상의 파트너가 참여하고 있는데 공공기관·은행·기업·상점 등이 개설한 공식 계정만 1,000만 개가 넘는다.

텐센트 매출 성장의 1등 공신은 게임 플랫폼이다. 텐센트 게임은 글로벌 게임 시장의 10%를 차지하고 있다. 텐센트는

2016년 게임 사업으로 약 1,078억 위안을 벌었는데, 전년 대비 25% 성장률을 보였다. 모바일 게임을 확보하기 위해 게임을 수입해서 유통했던 텐센트는 막대한 자금력을 바탕으로 게임 회사를 공격적으로 인수 합병하기 시작했다. 2011년에 온라인 게임 '리그 오브 레전드'를 만든 미국 게임사 라이엇게임즈를 4,000억 원대에 인수했고, 2013년에는 '스타크래프트'를 만든 미국 게임사 액티비전블리자드의 지분을 확보했다. 2014년에도 한국 게임사 넷마블게임즈에 5,000억 원 규모의 금액을 지분 투자했다. 마침내 2016년 '클래시 오브 클랜'을 만든 핀란드 게임업체 슈퍼셀을 10조 원에 인수하며 세계 1위 게임업체로 등극했다.

텐센트는 미래 성장동력을 확보하기 위해 '문샷(Moonshot)' 프로젝트를 추진하고 있으며, 우주 관련 스타트업에도 투자하고 있다. 미국의 민간 우주 항공업체 문익스프레스(Moon Express), 아르헨티나의 인공위성 업체 새텔로직(Satellogic), 미국의 우주 자원 개발회사 플래니터리리소시스(Planetary Resources)에 투자하면서 지구 밖 세계의 발전 가능성을 탐색하고 있다.

2
미래 권력
ABCD 기술 산업

ABCD 기술이란?

4차 산업을 추동하는 핵심 인프라 기술이다. A는 인공지능(Artificial Intelligence), B는 빅데이터(Big Data), C는 클라우드(Cloud), D는 드론(Drone)으로 대표되는 로봇(Robot)이다. ABCD 기술이 서로 융합하면서 혁신적인 산업 생태계를 만든다. 미래의 새로운 권력은 지능 첨단 기술로 재무장한 국가·기업·개인이 갖게 될 것이다.

인공지능

인공지능은 4차 산업혁명의 두뇌에 해당한다. 사람의 두뇌가 인간의 모든 몸을 관장하듯, 인공지능은 IT, 제조, 서비스 등 전 산업에 강력한 영향력을 미친다. 앞으로 모든 산업은 인공지능과 어떻게 결합하느냐에 따라 좌우될 것이다. 중국 정부는 인공지능을 제조, 의료, 교육, 도시 건설, 농업, 환경 보호, 국방 건설 등에 광범위하게 응용하고 있다.

중국 정부는 2030년에 인공지능 글로벌 리더가 된다는 목표를 정했다. 2030년까지 인공지능 이론, 기술, 응용 등 모든 방면에서 세계를 선도하는 인공지능 혁신의 중심이 되겠다는 계획이다. 인공지능 육성 지원책을 통해 시장 규모를 2020년 1,500억 위안, 2025년 4,000억 위안, 2030년 1조 위안(165조 원)으로 키우고자 한다. 드론, 음성 인식, 화상 인식 등 중국이 비교 우위가 있는 영역에서 글로벌 기업을 키우고, 스마트 로

중국 인공지능 산업 규모 추이 및 정부 목표

(단위: 10억 위안)

2014	2015	2016	2017E	2018E	2019E	2020E	2025E	2030E
0.5	0.7	0.9	13.5	20.3	34.4	150	400	1,000

출처: 중국 첨단산업연구원, 국무원 인공지능 발전 계획 통지 (2017.07.08)

글로벌 인공지능 투자금액 비교 (2012~2016년)

(단위: 10억 위안)

미국	중국	영국	캐나다	독일	일본	프랑스	스페인
17.9	2.6	0.8	0.6	0.6	0.3	0.28	0.26

출처: South China Morning Post

　　　　　　　　　　　　　　　　　　　중국이 이긴다

봇, 스마트 자동차, 가상현실 등 신흥 영역에서도 빠르게 대표 기업을 키워 나갈 계획이다.

인공지능 육성을 위해 해외 대학 및 연구소와의 협력을 지원하고, 중국 기업이 해외 기업을 인수 합병하고, 스타트업에 투자하고, 연구소를 설립하는 데 도움을 준다. 또한 해외 기업이 중국에 연구 센터를 세우는 것을 적극 장려하고, 세계 최고 수준의 연봉을 내세워 인재를 흡수한다. 인공지능의 기초가 좋고 발전 잠재력이 큰 지역을 선정해 국가 단위의 산업단지를 조성하고, 창업 지원 기지를 만들어 나간다.

중국은 기초 기술 분야에서는 아직 미국과 격차가 있지만, 인공지능 발전에 필수인 빅데이터 분야와 슈퍼컴퓨터 인프라는 세계 최강이다. 또한 중국은 세계에서 가장 빠른 슈퍼컴퓨터를 보유하고 있으며, 슈퍼컴퓨터 보유량도 가장 많다. 또한 7억 명의 중국 모바일 이용자가 매일 만들어 내고 인터넷 기업에 축적되는 빅데이터는 인공지능 개발의 밑거름이 된다. AI 분야의 양대 핵심은 알고리즘과 데이터이다. 향후에는 알고리즘보다 데이터가 더 중요할 것으로 전망된다. 인공지능은 응용하는 과정에서 업그레이드되는 기술이기 때문에 중국은 굳건한 인프라를 바탕으로 미국보다 빠른 성장이 가능하다.

인재는 중국 AI 성장의 또 다른 동력이다. 중국의 AI 관련

글로벌 인공지능 인력 비교 (2017년 1분기)								
								(단위: 명)
미국	인도	영국	캐나다	호주	프랑스	중국	브라질	글로벌
44.7	7.9	7.4	4.2	2.6	2.6	2.6	1.1	26.8

자료: Linkedin

인재에 대한 대우는 미국 못지않으며, 해외 인재 확보를 위해 실리콘밸리에 연구소를 설립하여 운영 중이다.

인공지능 분야에서 미국은 기초 분야와 프로세스 및 칩 기술 등 하드웨어 분야에서 중국에 앞서 있으며 중국은 자연언어 처리 및 컴퓨팅 비전 등 응용 분야에 강점을 보이고 있다.

2017년, 전 세계 인공지능 관련 기업 약 2,542개 중 미국이

중국 인공지능 가치사슬		
응용 분야	제조	스마트 하드웨어, 자율주행&ADAS, 스마트 로봇, 스마트 무인기
	서비스	금융, 신유통, 스마트 의료, 스마트 교육, 스마트 마케팅, 스마트 보안, 스마트 시티
기술 분야	플랫폼	스마트 응용 플랫폼
	인식	스마트 Q&A/비서, 지식 그래프/음성 분석
	감지	컴퓨터 비전, 음성 인식, AR/VR
기초 분야	컴퓨팅 역량	컴퓨팅 역량 플랫폼, 반도체, 센서 및 중간재

출처: 삼성증권

중국이 이긴다

미·중 분야별 인공지능 기업 비율		

(단위: %)

	중국	미국
자율 주행	5.2	3.8
데이터 처리 칩	2.4	3.1
스마트 드론	8.6	8.4
스마트 로봇	21.2	5.8
기술 플랫폼	5.9	13.4
음성 인식	6.1	2.2
머신 러닝	10.3	22.4
화상 인식	24.7	17.6
자연 언어 처리	15.6	23.4
합계	100	100

출처: 텐센트

약 1,078개로 42%를 차지하며, 중국이 약 592개로 23%를 차지하고 있다.

　프로세스 및 칩 기술 등 하드웨어 분야에서는 미국이 33개 기업을 보유하고 있어 14개의 기업이 있는 중국을 앞서고 있으며, 중국의 강점인 자연언어 처리 및 컴퓨팅 비전 분야에서는 미국이 58개 기업을 보유한 데 비해 중국은 273개의 기업을 보유하고 있어 크게 앞서고 있다. 머신 러닝, 스마트 디바이스, 자율운행 및 음성 식별 분야는 미국 488개, 중국 304개의 기업이 있다.

골드만삭스가 2017년 중국 AI 산업을 분석한 보고서에 의하면 중국 3대 IT 기업인 BAT는 AI의 중요한 요소인 데이터 자원을 확보하고, AI 응용 분야에서 새로운 시장을 창출하고 있다. 바이두는 AI 분야의 글로벌 기업으로 음성 인식과 자율 주행 분야에서 최신 기술을 보유하고 있다. 알리바바의 전자 상거래 플랫폼은 세계 최대 규모의 AI 적용 플랫폼으로 머신러닝과 데이터 결합을 통해 5억 명에 달하는 사용자를 위한 맞춤화 전략에 성공했다. 텐센트의 경우 AI 분야 진출이 늦은 편이나, 2017년 시애틀에 AI 연구소를 설립하는 등 본격적인 투자에 나서고 있다.

메이퇀디엔핑은 빅데이터 분석을 통해 O2O 데이터 활용을 통한 '실시간 물류조달 시스템'을 구축하여 100밀리 초 이내에 가장 효율적인 배달 경로를 산출한다.

디디추싱 산하 디디 연구원은 딥러닝, 컴퓨터 비전, 스마트 운전 기술 등을 연구하고 있다.

아이플리텍(iFlytek)은 중국 스마트 음성 인식 분야의 선두 기업이며, 하이크비전(HikVision)은 세계 최대 보안 모니터링 장비 기업이다. 2006년부터 인공지능을 활용한 CCTV를 연구 개발해온 하이크비전은 범죄자를 식별하는 인공지능 자

중국 AI 분야 IT 기업들	
분류	대표기업
중국 3대 IT기업	바이두, 알리바바, 텐센트
중국 IT 유니콘	메이퇀디엔핑(美团点评), 디디추싱(Didi), iFlytek, HikVision
중국 IT 스타트업 · 음성/자연언어	AISPEECH(思必驰), Unisound(云知声), Mobvoi(出门问问)
컴퓨터 비전	SenseTime(商汤科技), Face++, Yitu(依图)
칩셋/하드웨어	DeepHi(深鉴科技)
스마트 기기	SIASUN(新松机器人自动化), DJI(大疆创新), eFort(安徽埃夫特智能装备)
의료건강	iCarbonX(碳云智能)
농업	TTA(北方天途航空)
자율운전	TuSimple(图森未来), Minieye
서비스 로봇	UBTECH(优必选), Rokid, CloudMinds(达闼科技), Roobo, QIHAN(旗瀚科技), Turing Robot(图灵机器人)

자료 : 골드만삭스

동 안면 인식 기술을 개발하며 진화하는 중이다. 2016년 기준
하이크비전의 연구개발 인력은 전 직원의 46.8%로 9,366명이
며, 연구개발비는 24억 3,000만 위안이고 1,245건의 특허를
보유하고 있다.

빅데이터

빅데이터는 대용량 데이터이다. 오늘날 매일 생성되는 디지털 데이터 규모는 2제타바이트(ZB)로 미국 전역의 학술 도서관에 소장된 도서 정보량의 100만 배에 맞먹는다. 전 세계 데이터 생성량의 13%를 차지하는 중국은 2020년에는 그 규모가 20~25%로 증가할 전망이다.

방대한 데이터에서 의미 있는 정보를 분석해 활용하는 것이 빅데이터 산업이다. 빅데이터를 분석하는 인공지능 기술이 발전하면서 빅데이터 산업도 급속하게 성장하고 있다. 빅데이터의 핵심은 단기간에 대량의 데이터를 모아 유의미한 정보를 만드는 것이다. 빠르게 모아서 빠르게 분석한 데이터는 교통, 날씨 등 가치 있는 정보를 실시간으로 제공한다.

빅데이터는 초연결 사회를 만든다. 스마트폰, 무선 통신, 위치 정보 GPS 기반에 빅데이터가 결합하면서 경제 사회 구조가 실시간으로 통합 연결된다. 실시간으로 발생하는 빅데이터를 컴퓨터로 분석한 뒤 다시 실시간으로 피드백하는데, 앞으로는 이런 순환의 연결성을 장악하는 국가와 기업이 미래 권력을 갖게 될 것이다.

빅데이터는 산업에서도 다양하게 활용되고 있는데, 특히 소비자의 주권을 높이는 데 활용된다. 그동안 기업은 소비자의 생각을 읽기 위해 컨설팅, 설문 조사, 샘플링 등에 비용을 지불해 왔지만, 정작 소비자의 속마음을 정확히 알기가 어려웠다. 확인 주기도 3개월, 6개월 등으로 길어지면서 떠나간 소비자의 속마음을 뒤늦게 확인하는 경우도 많았다. 하지만 빅데이터를 활용하면 실시간으로 소비자의 생각을 알 수 있고, 맞춤형 제품과 서비스를 적절하게 제공해 소비자 만족도를 높일 수 있다. 생산자 역시 자원을 효과적이고 효율적으로 사용할 수 있다.

중국 정부는 신성장동력인 빅데이터 육성에 심혈을 기울여 세계 데이터의 허브로 발돋움하고자 한다. 데이터 산업을 13차 5개년 계획(2016~2020년) 집중 육성 대상으로 이미 지정했으며, 중국 빅데이터의 규모를 8,000억 페타바이트(PB)까지 늘릴 계획이다. 정부 기관은 역할을 나눠 빅데이터 연구 개발과 서비스 확대에 전력을 다하고 있다. 공업정보화부는 빅데이터 제품 개발과 산업화, 표준화를 지원하는 프로젝트 자금을 운용한다. 국가통계국은 텐센트 등 6개 기업과 공동으로 빅데이터 수집, 처리, 분석, 탐색 기술을 개발한다. 국무원은 빅데이터의 융합과 공유를 촉진하는데, 신용, 교통, 의료, 보건, 취업 등 공공데이터를 개방했다.

중국은 빅데이터 도시를 만들었다. 구이저우성 구이양은

중국 빅데이터 산업 전망						
(단위: 억 위안)						
2014년	2015년	2016년	2017년	2018년	2019년	2020년
767	1,105	1,775	2,665	4,162	6,090	8,228

출처: 중국전진신업연구원

2014년에 빅데이터 특화 도시로 선정된 이후 눈부시게 성장하는 중이다. 중국에서 가장 가난한 도시 중 하나에 손꼽히던 구이양은 6년 연속으로 중국에서 경제성장률이 가장 높은 지방정부 상위 3위 안에 들었다. 데이터센터는 지진 같은 자연재해로부터 안전해야 하기 때문에 중국 남부 내륙 깊숙한 곳에 위치한 구이양이 빅데이터 도시로 낙점되었고, 옥수수 농사를 짓던 구이양은 세계적인 빅데이터 도시로 거듭났다.

중국 정부의 전폭적인 지원 아래 전 세계 800여 개 기업이 구이양에 몰려들었다. 구글, 마이크로소프트, 인텔, 휴렛팩커드, 델, 오라클 등 글로벌 기업이 구이양에 자리잡았다. 중국 3대 이동통신업체 차이나모바일, 차이나유니콤, 차이나텔레콤과 알리바바, 텐센트, 팍스콘 등 중국 대표 기업도 구이양에 투자했다. 한국 현대자동차도 구이양에 첫 해외 빅데이터 센터를 짓고 자율주행차 등 미래의 자동차를 연구한다.

2017년 중국 빅데이터기업 발전지수 TOP 10		
순위	기업명	빅데이터 지수
1	화웨이(華爲)	190
2	알리바바(阿里巴巴)	151
3	텐센트(騰訊)	147
4	중싱(中興, ZTE)	143
5	바이두(百度)	134
6	하이얼(海爾)	121
7	하이캉웨이스(海康威視)	107
8	랑차오그룹(浪潮集團)	102
9	트립닷컴	98
10	치후360(奇虎)	96

출처: 뉴스핌(자료: 중상산업연구원)

클라우드

클라우드는 소프트웨어와 데이터를 인터넷과 연결된 중앙 컴퓨터에 저장해 컴퓨터, 스마트폰, 웨어러블 등 각종 기기로 언제 어디서든 데이터를 이용할 수 있는 서비스이다. 고가 서버를 직접 구입해 운영할 필요 없이 방대한 데이터를 저장하고 공유할 수 있다. 빅데이터를 모아 인공지능으로 분석해 적재적소에 활용하려면 대용량 데이터를 저장하고 공유할 수 있는 클라우드 인프라가 필수적이다.

중국 정부는 4차 산업혁명의 중추 인프라인 클라우드 산업을 적극 지원하고 있다. 2017년에 발표한 '클라우드 컴퓨팅 발전 3년 액션 플랜(2017~2019년)'에 따르면, 중국 정부는 2019년까지 중국 클라우드 시장 규모를 4,300억 위안으로 확대하고, 클라우드 기술을 글로벌 상위 수준으로 끌어올린다는 목표를 갖고 있다. 이를 위해 공공행정 부문에 클라우드를 적극 활용하고, 클라우드 기업이 자금 조달을 쉽게 할 수 있도록 지원 중이다. 2017년 6월부터 시행한 사이버보안법에 '중국인의 개인 정보를 수집·처리하는 기업은 반드시 중국 현지에 해당 서버를 둬야 한다'는 조항을 명시했다. 이는 중국 클라우드 시장에 진출하는 외국 기업에 부담이 되는 제도로, 중국 기업이 해외 기업의 방해를 받지 않고 자국 시장을 빠르게 장악하는 데 도움이 되고 있다. 지방 정부도 클라우드 산업 육성에 가담했다. 알리바바 그룹이 자리한 저장성은 2014년에 중국 지방 정부 최초로 행정 서비스에 클라우드를 도입했으며, 저장성을 클라우드 산업 중심지로 발전시키겠다는 목표로 관련 산업 진흥 계획을 세웠다.

중국 클라우드 시장을 이끄는 선두주자는 알리바바의 클라우드 계열사 알리클라우드(알리윈)이다. 알리클라우드는 압도적인 중국 시장 점유율 1위이며, 텐센트, 진산윈, 차이나

중국 클라우드 시장 규모						
						(단위: 억 위안)
	2012년	2013년	2014년	2015년	2016년	2017년E
전체	353	419	509	637	789	966

출처: 36Kr

텔레콤, 유클라우드가 그 뒤를 따르고 있다. 글로벌 업체와 비교해서는 아마존, 마이크로소프트에 이은 3위로 세계 3대 클라우드 컴퓨팅 플랫폼으로 꼽힌다.

알리클라우드 서비스는 알리바바닷컴, 타오바오 등 자사 서비스를 위해 개발한 인프라를 2009년에 외부에 공개하면서 시작됐다. 광군제 기간에 발생하는 트래픽만 1년 발생 트래픽의 92%를 차지할 정도로 많았다. 최대 사용량에 맞춰 인프라를 준비하다 보니, 평소에는 인프라가 남았다. 이에 남는 인프라를 외부에 판매해 수익을 올리자는 전략으로 클라우드 서비스를 시작했는데, 이는 아마존이 클라우드 서비스를 시작한 배경과 비슷하다. 2016년부터 해외 기업 고객을 확보하기 시작했으며, 전 세계 230만 고객이 알리클라우드 서비스를 이용하고 있다. 현재 중국을 포함해 전 세계 16개 지역에 데이터 센터를 두고 공격적으로 해외 시장을 공략 중이다.

중국 IaaS 클라우드 매출 및 시장 점유율 (2017년 상반기)					
					(단위: 달러)
	알리바바	텐센트	진산윈	차이나텔레콤	유클라우드
매출	5억	1억	6,800만	6,300만	5,800만
시장 점유율	47.6%	9.6%	6.5%	6%	5.5%

출처: IDC

알리바바는 2015년에 클라우드 산업에 10억 달러를 투자하겠다고 발표했다. 2017년에는 중국 제조 기업이 알리바바의 인공지능 클라우드를 통해 디지털 생산 환경을 조성하고 그 생산성을 높일 수 있도록 돕겠다고 나섰다. 10만 개 제조

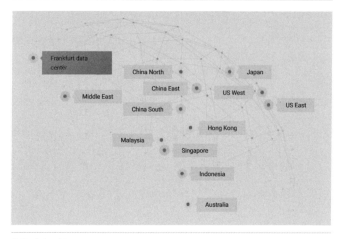

알리클라우드 데이터 센터

출처: 알리클라우드

기업에 클라우드 플랫폼을 제공하는 것을 목표로 광저우에 연구개발 센터를 짓고, 1,000명에 달하는 클라우드 컴퓨팅 및 인공지능 엔지니어를 채용할 계획이다.

로봇

중국의 로봇 산업은 선진국에 비해 뒤처진 상태다. 서비스 로봇은 선진국에 비해 5년, 산업용 로봇은 10년 정도 격차가 있다. 중국은 산업용 로봇과 로봇 부품의 70% 이상을 수입에 의존하고 있는데, 그중 6축 이상 다관절 로봇의 90%, 용접 로봇의 84%가 해외 로봇이다. 고성능이 요구되는 자동차 업계는 해외 로봇 점유율이 90%에 달한다. 신숭 등 비교적 큰 로

중국 내 주요 로봇 제조사		
글로벌 기업	산업용	ABB, FANUC, KUKA, YASKAWA, NACHI
	서비스용	iROBOT, ISRG
	부품	Nabtesco, Harmonic, Rexroth
중국 기업	산업용용	신숭, 안후이 아이푸터, 하얼빈 버스
	서비스용	커워스, 텐진 나언버, 베이징 캉리유란
	부품	난퉁전캉, 친찬, 리위디세퍼, 구가오과기

출처: 사이디 컨설팅

표 2-23. 중국의 산업용 로봇 판매량 및 예측

(단위: 1,000대)

	2011	2012	2013	2014	2015	2016	2017	2018	2019E	2020E
판매량	23	23	37	57	69	87	115	140	170	210

출처: 국세로봇연맹

봇 기업이 4~5개 있지만, 글로벌 기업에 비해 기술력 격차가 크고 생산 규모도 작다.

중국은 2016년에 로봇 굴기를 선언했다. 산업의 스마트화로 인해 로봇 산업이 급속하게 성장하고 있고, 중국 인구의 노령화로 인해 산업용 로봇 수요가 커짐에 따라 중요한 로봇 시장을 놓치지 않기 위해서다. 2020년까지 산업용 로봇 판매량을 15만 대로 늘리고, 국제 경쟁력을 갖춘 대형 로봇 기업을 3곳 키우고, 로봇 산업 클러스터를 5곳 조성한다는 목표를 향해 나아가고 있다. 로봇 산업의 핵심인 부품 산업을 육성하기 위해 고정밀 감속기, 고성능 서보 모터 및 드라이브, 고성능 컨트롤러, 센서 및 액추에이터 등 5대 관련 부품 산업을 육성 중이다. 또한 아크 용접 로봇, 진공 로봇, 자주 프로그래밍 스마트 산업용 로봇, 인간 지원형 로봇, 양팔 로봇, 중량급형 AGV, 소방 구조 로봇, 수술 로봇, 스마트형 공공 서비스 로봇, 스마트 간호 로봇 등을 10대 로봇 분야로 선정했다. 그리고 뒤처진

중국이 이긴다

기술력을 빠르게 따라잡고 원천 기술을 확보하기 위해 적극적으로 해외 기업을 인수 합병하고 있다. 2016년에 중국 메이디 그룹은 세계 4대 로봇업체인 독일의 쿠카를 6조 원대에 인수했다. 중국 사모펀드인 에이직캐피탈은 이탈리아 로봇업체 지매틱을 인수했다.

산업용 로봇은 일본이 강국인데 반해, 서비스용 로봇은 세계 시장 점유율이 높은 기업이 없는 시장이다. 중국은 진화하는 인공지능 기술을 접목해 로봇 시장 성장을 추동하고 있다. 중국의 빠른 고령화와 높은 교육열은 서비스 로봇 시장의 수요를 창출할 것으로 예상된다. 2017년 베를린 국제가전전시회에 서비스 로봇을 출품한 기업의 90%가 중국 기업이었다.

산업용 로봇은 고정된 작업을 강한 힘으로 빠르게 수행한다. 반면 서비스용 로봇은 인간과 의사소통하고, 물체와 사람을 분리해 인지하고, 안전하고 섬세하게 움직이고, 더 나아가 인간의 감정을 읽을 줄 알아야 한다. 중국의 치한과기는 가정용 로봇 산바오 나노를 출품했는데, 이 로봇은 노래 부르기, 피자 주문, TV 조작 등의 언어 명령을 수행한다. 로봇에 장착된 카메라를 통해 집 밖에서도 스마트폰으로 실내 상황을 점검할 수도 있다. 아이미 로봇은 식당에서 손님을 예약한 방으로 안내하고, 고객의 주문을 받는 등 종업원으로 일할 수 있는 로봇 소프트웨어를 선보였다. 웨이라이훠반 로봇은 아이들이 게임을 하면서 동시에 공부도 할 수 있게 돕는 교육용 로봇을 개발했다.

중국의 4차 산업 투자

중국 주식 거래소

중국의 3대 주식 거래소는 상하이 증권거래소, 선전 증권
거래소, 홍콩 증권거래소이다. 상하이 거래소와 선전 거래소
는 중국 본토 거래소로 외국인 투자가 주류인 홍콩 거래소와
분리되어 있다.

후강퉁

상하이 거래소에 상장된 주식을 상하이 A주(또는 본토 A
주), 홍콩 거래소에 상장된 주식을 홍콩 H주라 부른다. 몇 년
전까지만 해도 홍콩 거래소에서 상하이 거래소 주식을 사거
나, 상하이 거래소에서 홍콩 거래소 주식을 사는 것이 불가능
했었다. 해외에서 중국 본토 주식에 투자하려면 적격해외투
자자 자격이 필요했고, 개인 투자자는 간접 투자만 가능했다.

후강퉁은 상하이 거래소와 홍콩 거래소 간 교차 매매를

허용하는 제도이다. 상하이를 뜻하는 '후(沪)', 홍콩을 뜻하는 '강(港)', 양쪽을 통하게 한다는 의미의 '퉁(通)'을 조합한 단어다. 후강퉁으로 개인 투자자도 홍콩을 거쳐 본토 A주 투자가 가능해졌고, 중국 투자자 역시 홍콩 H주를 자유롭게 살 수 있게 되었다. 홍콩/외국인 투자자가 위탁사에서 계좌를 개설하면 홍콩의 증권 거래 관련 서비스 회사가 상하이 주식 시장에 거래를 신청해 주식을 매매한다. 상하이 투자자들도 같은 과정으로 홍콩 주식 시장에서 주식을 매매할 수 있다.

홍콩 투자자에게 상하이 거래소 주식 거래를 개방하는 것을 후구퉁(沪股通), 상하이 투자자에게 홍콩 거래소 주식 거래를 개방하는 것을 강구퉁(港股通)이라 한다.

선강퉁

선전 거래소와 홍콩 거래소 간 교차 매매를 허용하는 제도이다. 선(深)은 중국 선전을, 강(港)은 홍콩을, 퉁(通)은 두 거래소를 통하게 한다는 뜻이다. 외국인이 선전 시장에 투자하는 선구퉁(深股通)과 중국인이 홍콩 시장에 투자하는 강구퉁(港股通)으로 나뉜다.

상하이 거래소는 4대 은행을 포함한 대형 국유 기업, 민영 대기업 주식이 거래된다. 선전 거래소는 한국의 코스닥 시장

선강통과 후강통 제도 비교			
	선강통		후강통	
투자 방향	선구통 (홍콩→선전)	강구통 (선전→홍콩)	후구통 (홍콩→상하이)	강구통 (상하이→홍콩)
	약872개 종목	약438개 종목	총 567개 종목	총 318개 종목
투자대상	선전성분지수 선전중소판 선전창업판 AH 동시상장주	항생대형지수 항생중형지수 항생소형지수 (시총 50억 HKD 이상) AH 동시상장주	상해180지수 상해380지수 AH 동시상장주	항생대형지수 항생중형지수 AH 동시상장주
투자한도	총 투자한도 규제 없음		총 투자한도 폐지(2016/8/16부터 적용)	
	일 130억 위안	일 105억 위안	일 130억 위안	일 105억 위안
투자자 진입	없음 (선전 창업판은 시행 초기 기관 투자만 허용)	개인 : 잔고 50 만 위안 이상 허용 기관 : 별도 진입 조건 없음	없음	개인 : 잔고 50만 위안 이상 허용 기관 : 별도 진입 조건 없음
표시통화 국제자금 관리	A주 : 위안화	H주 : HK$	A주 : 위안화	H주 : HK$
	유보자금 송금 가능 보호 예수 없음		유보자금 송금 가능 보호 예수 없음	

주: 2016년 8월 발표 기준, 자료: Wind, 하나금융투자

과 비슷해 중국판 나스닥, 차스닥으로 불린다. 정보통신, 헬스케어, 첨단 제조업 등 신경제 업종의 비중이 높다. 아시아에서 성장성이 높은 기업들로 구성되어 있지만, 개인 투자자 비중이 높은 고수익/고위험 시장이다.

선강통 거래를 하려면 해외증권 매매 전용 계좌를 개설해

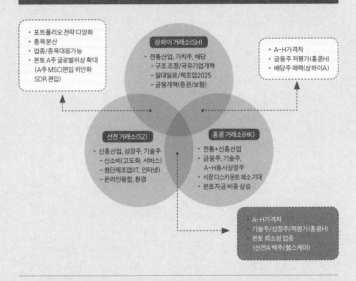

선강통을 계기로 중화권 3대 시장이 완전 개방됨에 따라 포트폴리오 다각화 가능, 각각 시장의 특성을 극대화한 혼합 전략 유효

- 포트폴리오 전략 다양화
- 종목분산
- 업종/종목대응가능
- 본토 A주 글로벌위상 확대
  (A주 MSCI편입 위안화
  SDR 편입)

상하이 거래소(SH)
- 전통산업, 가치주, 배당
  - 구조 조정/국유기업개혁
  - 일대일로/제조업2025
  - 금융개혁(증권/보험)

- A-H가격차
- 금융주 저평가(홍콩H)
- 배당주 매력(상하이A)

선전 거래소(SZ)
- 신흥산업, 성장주, 기술주
  - 신소비(고도화, 서비스)
  - 첨단제조업(IT, 인터넷)
  - 온라인융합, 환경

홍콩 거래소(HK)
- 전통+신흥산업
- 금융주, 기술주,
  A-H동시상장주
- 시장 디스카운트 해소 기대
- 본토자금 비중 상승

A-H가격차
기술주/성장주/저평가(홍콩H)
본토 희소성 업종
(선전A 백주/헬스케어)

자료: 하나금융투자

후구통과 선구통을 통해 본토 A주 80% 투자 가능

구분	종목수(개)	종목수 비중	2016년 일 평균 거래금액(억 위안)	거래금액 비중	시가총액 비중
후구통	567	51.1%	1,360	67.5%	85.9%
선구통(예상)	872	48.8%	2,280	68.3%	74.2%
강구통 (예상)	438	22.5%	335	90.3%	73.2%
상하이A	1,110	–	2,015	–	–
선전A	1,787	–	3,337	–	–
홍콩 전체	1,944	–	371	–	–

자료: Wind, 하나금융투자

중국이 이긴다

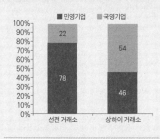

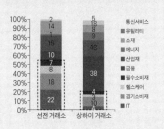

주: 2016년 3/4분기 기준
자료: CEIC, 하나금융투자

주: 2016년 3/4분기 기준
자료: Wind, 하나금융투자

야 한다. 거래 통화는 위안화를 이용하며, 매매 주문은 홈트레이딩시스템(HTS), 모바일트레이딩시스템(MTS) 또는 영업점에서 할 수 있다. 거래 수수료는 0.3%(온라인 거래 기준)이며 양도소득세(차익의 22%)를 내야 한다.

신삼판

신삼판은 중국 중소·벤처기업 장외 주식 시장이다. 숫자 3이 들어간 이유는 상하이 거래소와 선전 거래소에 이은 제3시장이기 때문이다. 정식 명칭은 전국 중소기업 지분 양도 시스템이다. 거래되는 주식은 제조업, 금융, 리테일, 정보통신 등 다양하며, 외국인은 투자할 수 없다.

신삼판은 2006년에 베이징에 위치한 중국판 실리콘밸리인 중관촌 기업의 자금 조달을 위한 장외 시장으로 시작했다. 2012년에 4개 하이테크 개발구 기업, 2013년에 중국 전역 기업으로 확대됐다. 2006년에 6개 기업이었던 상장기업 수는 2014년 1,565개, 2015년 5,129개로 급격히 증가해 2016년 12월에 1만 개를 돌파했다. 2013년 1,369억 위안이었던 시가총액은 2014년 6,612억 위안, 2015년 2조 4,584억 위안으로 급증했고, 2017년 초에 4조 위안을 넘어섰다.

신삼판의 폭발적인 성장은 중국의 창업 열풍 때문이다. 중국 정부가 창업을 독려하기 위해 신삼판 시장을 키우고 있어 신삼판의 열기는 더욱 뜨거워질 전망이다.

유망 기술 기업

인공지능				
코드	기업명	한글명	중문명	시가총액 (100만 위안)
002415.SZ	HIKVISION	항저우 하이크비전 디지털 기	海康威视	341,837.16
002230.SZ	IFLYTEK	아이플라이텍	科大讯飞	84,932.50
300024.SZ	ROBOT	씨아쉰 로봇 & 자동화	机器人	29,316.90
002065.SZ	DHCC	DHC 소프트웨어	东华软件	28,415.08
002049.SZ	UGC	유니그룹 궈신	紫光国芯	27,840.81

| 600570.SH | HUNDSUN | 헌드선 테크놀로지스 | 恒生电子 | 27,708.56 |
| 603019.SH | SUGON | 도닝 인포메이션 인더스트리 | 中科曙光 | 27,109.89 |

빅데이터

코드	기업명	한글명	중문명	시가총액 (100만 위안)
000938.SZ	UNIS	쯔광	紫光股份	65,602.56
600804.SH	DR.PENG	닥터 펑 텔레콤 & 미디어 그룹	鹏博士	29,121.84
000977.SZ	LCXX	인스퍼 전자정보산업	浪潮信息	23,283.89
000961.SZ	ZHONGNANCONSTRUCTION	장쑤 중난건설그룹	中南建设	22,184.54

블록체인

코드	기업명	한글명	중문명	시가총액 (100만 위안)
600588.SH	YONYOU	융유 네트워크 기술	用友网络	28,859.73
600570.SH	HUNDSUN	헌드선 테크놀로지스	恒生电子	27,708.56
002268.SZ	WESTONE	Westone Information Industry	卫士通	20,027.85
002152.SZ	GRGBANKING	GRG 은행 장비	广电运通	16,759.31

스마트카

코드	기업명	한글명	중문명	시가총액 (100만 위안)
300104.SZ	LETV	러스 인터넷 정보기술 베이징	乐视网	61,158.12
002456.SZ	O-FILM	어우페이 과기	欧菲光	59,108.35
002405.SZ	NAVINFO	나브인포	北京四维图新科技股份有限公司	33,719.95

| 600699.SH | NJEC | 닝보 조이슨 전자 | 均胜电子 | 33,642.80 |
| 600074.SH | ZHONGDA CO | 장쑤 프로트룰리 기술그룹 | 保千里 | 25,329.64 |

전기차				
코드	기업명	한글명	중문명	시가총액 (100만 위안)
600104.SH	SAIC MOTOR	SAIC 자동차	上汽集团	366,743.85
000651.SZ	GREE	거리 전기기기	格力电器	245,441.82
002594.SZ	BYD	BYD	比亚迪	156,137.04
601633.SH	GREAT WALL MOTOR	장성 자동차	长城汽车	93,869.64
000625.SZ	CHANGAN AUTOMOBILE	충칭창안자동차	长安汽车	57,380.61
600066.SH	YTCO	정저우 위통 버스	宇通客车	50,522.09
000413.SZ	DONGXU OPTOELECTRONI	둥쉬 광전자 기술	东旭光电	49,043.97
300124.SZ	INOVANCE	선전 이노방스 기술	汇川技术	43,575.98

VR				
코드	기업명	한글명	중문명	시가총액 (100만 위안)
000725.SZ	BOE	BOE테크놀러지	京东方	192,671.38
002024.SZ	SUNING COMMERCE	쑤닝 전기	苏宁云商	113,675.58
600703.SH	SAN'AN OPTO	싼안 광전자	三安光电	105,264.15
002450.SZ	KDX	캉더 신 복합재료	康得新	81,249.51
300104.SZ	LETV	러스 인터넷 정보기술 베이징	乐视网	61,158.12
002456.SZ	O-FILM	어우페이 과기	欧菲光	59,108.35

중국이 이긴다

002241.SZ	GOERTEK	고어텍	歌尔股份	58,768.83
600637.SH	OPG	상하이 둥팡밍주 신매체	东方明珠	45,904.97
002555.SZ	SANQI HUYU	우후 순룽 싼치 인터랙티브 엔	三七互娛	43,391.84
002624.SZ	PWRD	퍼펙트 월드	完美世界	42,727.55

AGE OF CHINA

3장

급부상하는 중국 벤처

1
샛별처럼 등장한
1조 스타트업

유니콘이 날다

혁신 기술과 아이디어로 무장한 신생 혁신 기업 가운데 기업 가치 10억 달러 이상 기업을 유니콘이라고 부른다. 전설 속 뿔이 달린 말처럼 가치 있고 희소하다는 의미인데, 지금 중국은 유니콘 기업의 풍년이다. 비상장 스타트업이면 창업한 지 몇 년 되지도 않아 매출도 이익도 신통치 않은 기업일 텐데, 기업가치가 1조 원 이상이라면 뭔가 잘못된 것 아닐까 생각할 수도 있다. 하긴 지금까지의 상식으론 충분히 그렇게 생각할 만도 하다. 하지만, 이렇게 이상해 보이는 유니콘들이 최근

국가별 유니콘 스타트업 기업 수 (2017.12)						
미국	중국	영국	인도	독일	그 외 국가	총
112	59	13	10	3	25	222

출처: CB인사이트

1~2년간 미국과 중국에서 거의 매주 한 개씩 탄생하고 있다. 왜 그럴까? 한마디로 급속도로 확산되고 있는 디지털플랫폼과 4차 산업혁명 때문이다. 디지털플랫폼에서는 제품만 좋으면 시간과 공간의 제약 없이 세계 어느 곳에서도 주문이 터질 수 있다.

진르터우탸오, 유나이티드 이미징 헬스케어, 니오, 마오얀, 모바이크 등 2017년 한 해 동안 중국 스타트업 22개가 새로 유니콘이 됐다. 이 기업들의 전체 가치는 502억 달러에 이른다. 미국에서는 2017년에 28개의 유니콘 기업이 탄생했지만, 총 기업 가치는 401억 달러에 그쳤다. 2012년만 해도 중국에는 유니콘 기업이 2개밖에 없었다. 하지만 2017년 기준 전 세계 유니콘 기업 222개 가운데 59개가 중국 기업이고, 이 기업들의 가치는 전체 유니콘 기업 가치의 34.2%에 이른다. 미국에서 유니콘 기업이 탄생하는 데 평균 7년이 걸리는 데 반해 중국에서는 평균 4년이 걸릴 정도로 빠르다. 중국의 유니콘 기업은 인공지능, 드론, 교육, 미디어, 보안, 헬스케어, 핀테크

중국 유니콘 스타트업 (2017.12)			
기업	가치 (10억 달러)	유니콘 가입 년도	업종
디디추싱	56	2014	차량 공유
샤오미	46	2011	스마트폰 제조
차이나인터넷 플러스	30	2015	인터넷 서비스
루팩스	18.5	2014	핀테크
진르터우탸오	11	2017	뉴스 앱
DJI	10	2015	드론
리엔지아	5.8	2016	부동산 중개
어러머	5.5	2015	음식배달 앱
유나이티드 이미징 헬스케어	5	2017	의료기기
니오	5	2017	전기차
메이주	4.58	2014	전자제품 제조
콰이쇼우	3	2015	동영상공유 앱
로열	3	2016	3D헤드셋
마오얀	3	2017	티켓 예매
반클	3	2010	전자상거래
모바이크	3	2017	자전거 공유
오포	3	2017	자전거 공유
ESR	2.8	2017	물류
후이민	2	2016	편의점 앱
트렌디 인터내셔널	2	2012	패션 리테일
웨잉	2	2015	티켓예매

라카라	1.6	2015	모바일 결제
도위닷컴	1.51	2017	스트리밍 사이트
Pindouduo	1.5	2016	이커머스
브이아이피키드	1.5	2017	온라인 영어교육
꽈하오	1.5	2015	병원예약 앱
투지아	1.5	2015	숙박 공유
센스타임	1.47	2017	얼굴 인식
Tuandaiwang	1.46	2017	핀테크
Koudai Gouwu	1.4	2014	이커머스
유어워크	1.3	2017	공유 사무실
넷이지 클라우드 뮤직	1.16	2017	음악감상 앱
지우시앤왕	1.05	2015	주류 온라인 몰
캠브리콘	1	2017	반도체
위엔푸다오	1	2017	온라인 교육
리엔핀	1	2016	채용
Yixia	1	2015	소셜
에이퍼스 그룹	1	2015	모바일런처 앱
판리	1	2015	온라인쇼핑몰 적립금
모구지	1	2014	패션 전자상거래
베이베이	1	2015	유아산모용품 쇼핑몰
판시	1	2015	광고테크
자오강닷컴	1	2017	철강거래 사이트
아이튜터그룹	1	2015	에듀테크
Dt 드림	1	2017	소프트웨어

중국이 이긴다

다다	1	2015	이커머스
미아닷컴	1	2015	이커머스
샤훙수	1	2016	쇼핑 앱
아이카본엑스	1	2016	데이터기반 헬스케어
모팡	1	2016	공동주거
유비테크 로보틱스	1	2016	휴머노이드 로봇
후지앙	1	2015	에듀테크
꽈즈	1	2016	중고차 거래
지후	1	2017	지식플랫폼
U51	1	2016	신용카드관리 앱
YH 글로벌	1	2017	물류
퉁둔 기술	1	2017	사이버 보안
메그비	1	2017	얼굴 인식
샤오주	1	2017	이커머스

출처: CB 인사이트

등 거의 전 업종에서 탄생한다.

중국 유니콘 기업의 성장 원동력은 모바일 플랫폼의 힘이다. 사람들이 손 안에 디지털 모바일 시장을 갖게 되면서, 제품만 좋으면 큰 시장에 단번에 도달할 수 있게 되었다. 시공간 제약이 없는 디지털 공간이 열리자, 과거에는 10년이 걸려야 가능했던 성공이 1년 만에도 달성 가능해졌다. 회원이 10억 명이나 되는 텐센트 위챗을 생각해보자. 평소 아이디어가 많은 '김대박'씨가 아주 재미있는 콘텐츠를 개발해서 위챗 창에다 뿌렸다고 하자. 10억 명의 회원이 한 달에 한 번씩 콘텐츠를 보고 100원만 지불해도 한 달 매출이 1,000억 원, 1년이면 1조 2,000억 원이다. 인건비 외에 콘텐츠 개발에 별 비용도 들지 않을 걸 감안하면 누가 봐도 기업가치는 1조 원 이상일 것임에 틀림없다. 유니콘이란 얘기다. 게다가 재미있으면 한 달에 부담도 없는 100원만 쓸 리 없다. 1주일에 한 번, 더 나아가 매일 보는 매니아층이 생기면 매출은 그야말로 기하급수적으로 증가할 것이다. 이처럼 큰 성공 가능성이 중국에서 유니콘 기업이 연이어 빠르게 탄생하는 이유다.

ABCD 유니콘

빅데이터로 중국 교통을 통제하는 디디추싱

디디추싱은 우버에 이은 세계 2위 차량 공유 기업으로 중국 시장의 95%를 점유하고 있다. 중국 400개 도시에서 3억 명의 고객이 디디추싱 서비스를 이용한다.

디디추싱은 택시 호출 서비스에서 1등 자리를 차지하기 위

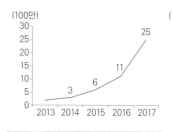

디디추싱 일일 탑승 회수

(100만)

25

11

6

3

2013 2014 2015 2016 2017

자료: 디디추싱, 언론자료, 삼성증권

디디추싱 밸류에이션 추이

(10억 달러)

소프트뱅크 50억 달러 투자
50

애플
10억 달러
투자 우버 인수
28 35

디디 콰이디 합병
14 17 20
6

1Q15 3Q15 1Q16 3Q16 1Q17

자료: 언론자료, 삼성증권

해 출혈 경쟁하던 콰이디다처(알리바바 투자)와 디디다처(텐센트 투자)가 2015년 2월에 합병하면서 탄생했다. 플랫폼 사업은 시장을 먼저 선점하는 업체가 시장 전체를 장악한다. 콰이디다처와 디디다처는 시장을 장악하기 위해 각각 2,000억 원 가량의 보조금을 뿌리며 출혈 경쟁했다. 적자가 극심했던 두 기업의 합병이 성사되어 디디추싱이 탄생했고, 시장 점유율 90%를 돌파하며 안정적인 수익 기반을 만들었다.

한편 2014년에 우버가 바이두와 손을 잡고 중국 시장에 진출했다. 당시 콰이디다처와 디디다처가 양분하고 있던 시장에 우버가 추가 진입하자 출혈 경쟁이 극에 달했다. 우버는 택시 운전기사를 확보하기 위해 보조금 경쟁을 벌이다 20억 달러의 손해를 보았다. 합병을 통해 힘이 커진 디디추싱은 중국에서는 애국심 마케팅으로 시장을 공고히 하면서, 동남아시

서비스	출시일	설명	현황	수익 모델
디디 택시	12년 9월	택시 호출 서비스	전국 380개 도시에서 운영. 등록 기사 200만 명	없음
디디 익스프레스	14년 8월	이코노미급 개인 차량 호출 서비스	전국 400개 도시에서 운영. 등록 기사 1,900만 명	운행료 20% 수수료
디디 프리미어	14년 8월	럭셔리 개인 차량 호출 서비스		운행료 20% 수수료
디디 기업 솔루션	15년 1월	기업 고객 대상 차량 호출 서비스	3,000개 이상 기업 고객 확보	
디디 히치	15년 6월	같은 방향 기사와 승객을 연결해주는 카풀 서비스	360개 도시에서 운영. 등록 기사 1,000만 명	없음
디디 드라이빙	15년 7월	대리 기사 호출 서비스	200개 도시에서 운영. 등록 기사 100만 명	운행료 20% 수수료
디디 버스	15년 7월	맞춤형 통근버스 서비스. 기존 버스 노선이 없는 곳을 운행하며 앱을 통해 예약제로 운영	베이징과 선전에서 노선 영업	요금 7~13위안
디디 미니버스	16년 12월	5~7인용 미니 버스 서비스. 대중교통 하차 이후 최종 목적지까지 운행 목적		
디디 카 렌탈	17년 1월	글로벌 렌터카 서비스	글로벌 파트너십을 통해 175개국에서 서비스	

디디추싱 상품

출처: 디디추싱, 삼성증권

중국이 이긴다

아의 그랩, 인도의 올라, 미국의 리프트 등 세계 각국의 우버 경쟁사에 투자하고 전략적 파트너십을 맺었다. 디디추싱의 거센 공격에 결국 우버가 백기를 들었다. 2016년 8월에 디디추싱이 우버 차이나를 인수하면서 출혈 경쟁은 막을 내렸고, 디디추싱은 중국 시장 점유율의 95%를 차지하는 독점 기업이

중국 주요 도시 러시아워 도로교통 상황

자료: TechinAsia, ChinaWhisper

중국 베이징 시내 도로 혼잡 데이터

자료: TechinAsia, 디디추싱

중국 택시 시장 수급 불일치

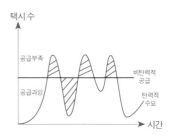

자료: 언론자료, 삼성증권

교통 빅데이터 분석을 통한 최적의 차량 배차

자료: TechinAsia, 디디추싱

됐다. 우버는 디디추싱과 우버차이나의 합병 지분 5.89%를 받고, 디디추싱은 우버에 10억 달러를 투자했다. 독점의 폐해보다 플랫폼의 혁신성이 더 중요하다고 판단한 중국 정부는 디디추싱의 독점을 허용했다.

디디추싱은 택시 호출 시장에서의 독점적인 점유율을 바탕으로 다양한 교통 서비스로 사업을 확장했다. 2014년에 고급 개인 차량 호출 서비스, 2015년에 기업 대상 서비스, 카풀 서비스, 대리 기사 서비스, 통근 버스 서비스를 출시했다. 2016년에 미니버스 서비스, 2017년에 글로벌 렌터카 서비스를 출시했다. 한편 교통 관련 비즈니스에도 활발히 투자하고 있다. 2016년에는 자전거 공유 서비스 업체 오포, 2017년에는 중고차 직거래 플랫폼 런런체에 투자했다.

디디추싱의 강력한 힘은 하루 평균 2,000만 건 이상의 주문량을 처리할 수 있는 빅데이터에서 나온다. 중국 전역의 택시와 고급 차량을 통해 축적한 교통 빅데이터를 바탕으로 지역별 교통 수요를 파악한다. 특정 빌딩에서 15분 동안 발생할 택시 수요를 최고 90%까지 예측할 수 있다.

빅데이터는 교통의 효율성을 높인다. 차량 수요는 요일, 시간, 지역에 따라 변동이 크다. 디디추싱은 시간대별 수요 집중 지역을 예측해 해당 지역으로 택시를 미리 이동시켜 효율성을 높였다. 수요가 공급을 초과할 때는 자가용 콜택시, 고급 차량 콜택시 등 프리미엄 서비스로 수요를 맞춘다. 도로 교통 상황을 분석하고 예측하는 기술을 개발해 최단 시간 배차, 최단 거리 주행을 실현하고 있다. 디디추싱은 축적한 교통 빅데이터와 분석력을 바탕으로 자율주행차, 도시 교통 계획 등으로 사업을 확장할 계획이다.

인공지능이 추천하는 뉴스, 진르터우탸오

진르터우탸오는 인공지능이 독자 취향을 분석해 맞춤 제공하는 모바일 뉴스 앱이다. 2012년에 출시했는데 대형 언론사, 배트맨 기업을 모두 제치고 중국 뉴스 시장 점유율 1위를 점하고 있다. 하루 평균 7,800만 명이 76분 동안 진르터우탸오로 뉴스를 읽는다. 독자가 진르터우탸오에 머무르는 시간이 길어짐에 따라 광고 매출은 2015년 10억 위안에서 2016년 100억 위안으로 10배나 뛰었다.

진르터우탸오의 성장 지표			
	매출(억위안)	직원(명)	하루 평균 체류 시간(분)
2015년	10	1,500	53
2016년	100	3,000	76

출처: 조선일보

진르터우탸오는 미디어 회사가 아닌 미디어 속성을 가진 기술 회사이다. 동영상, 사진, 텍스트 등을 디지털로 만든 뒤 언어화해서 로봇에게 콘텐츠의 의미를 이해시킨다. 기사 중요성을 기치 판단해 선별적으로 제공하는 미디어 회사와 달리, 오로지 독자의 개인 취향만을 고려해 콘텐츠를 분배한다. 주요 언론사 기사를 상단에 노출하는 기존 뉴스 포털과 달리, '당신의 관심이 헤드라인'이라는 슬로건에 따라 유력 매체이건 1인 미디어이건 독자가 선호하는 기사를 더 중요하게 여긴다. SNS 계정으로 회원 가입을 하면 계정 활동을 바탕으로 5초 내에 흥미 DNA를 분석해 취향을 추출한다. 거주 지역, 연령, 성별, 직업 등 요소도 반영한다. 독자가 앱을 더 많이 사용할수록 독자 취향에 더 잘 맞게 추천한다.

진르터우탸오에서 발생하는 하루 28억 회의 콘텐츠 이용량 중 절반은 짧은 동영상이다. 2016년 동영상 시청 횟수는 하루 평균 12억 6,900만 회로 2015년 1억 8,000만 회보다 7배 성장했다. 진르터우탸오는 직접 콘텐츠를 제작하지 않고, 파트너십을 맺고 스타트업에 투자하는 방식으로 콘텐츠를 발굴한다. 2016년에는 짧은 동영상 제작 스타트업에 10억 위안을 투자하겠다고 발표했다.

진르터우탸오는 북미, 브라질, 인도, 인도네시아, 인도 등에

중국이 이긴다

진출하는 등 해외시장 공략에도 적극적이다. 2016년 기준으로 해외 가입자수는 1,200만 명이었다. 인도 최대 뉴스 영상 포털인 데일리헌트를 인수했고, 북미판 영어 뉴스 앱 톱버즈를 출시했다.

세계 1위 드론 기업, DJI

DJI는 세계 상업용 드론 시장의 70%를 장악한 세계 1위 드론 기업이다. 전 세계 상업용 드론의 표준 기술은 대부분 DJI가 개발하거나 채택했다. 군사용 드론은 미국이 장악하고 있지만, 상업용 드론은 DJI가 세계 최고이다. 2006년에 20대 청년 4명이 창고에서 시작한 스타트업이 2016년 매출 약 15억 달러 기업으로 성장했다. 전 세계 16개 지사에서 8,000명의 직원이 일하는데, 직원 평균 나이가 27세로 젊다.

DJI는 스마트폰처럼 누구나 드론을 갖는 1인 1드론 시대가 올 것이라고 전망한다. DJI가 2017년 출시한 소형 드론 스파크는 스마트폰보다 가볍고 사용자의 얼굴과 손짓을 인식해

세계 드론 시장 점유율 (2016년 2월 기준)				
DJI (중국)	3DR (미국)	2패럿 (프랑스)	유닉 (중국)	기타
70%	10%	2%	2%	16%

출처: 오픈하이머

움직인다. 스파크를 하늘에 띄우고 자동차를 운전하면, 드론이 개인용 내비게이션처럼 실시간 교통 상황을 파악해 길을 알려준다.

DJI는 하드웨어 제작에서 한걸음 더 나아가, 산업에 드론을 활용할 수 있는 다양한 소프트웨어를 개발하고 있다. 건설 현장용 드론 소프트웨어 GS 프로는 건설 작업 현장의 진행상황을 실시간으로 점검해 현장 작업자에게 전달한다. 인명 구조용 드론은 해안가를 비행하면서 조난자의 위치를 파악해 구조대에게 알린다.

DJI는 세계 곳곳에 R&D 센터를 세우고, 그 나라의 기술을 흡수하며 진화하고 있다. 도쿄 R&D센터는 캐논·니콘 등 일본 카메라 기업 엔지니어 100여 명을 유치해, 30배 확대 가능한 렌즈를 개발해 드론에 탑재했다.

2
창업자
1억 명을 키운다

경쟁이 경쟁력을 만든다

"모두가 창업하고 혁신하라(대중창업 만중창신)"

2014년에 리커창 총리가 다보스 포럼에서 처음 발표한 쌍
창 정책이 2015년 중국 경제 발전 방침으로 격상되면서 혁신
창업은 중국인 모두의 화두가 됐다. 시진핑 주석은 "기업가
정신을 고취해 더욱 많은 사람이 창업에 투자하도록 권장하
라"고 했다. 4차 산업혁명 등 신성장동력이 국가 미래에 미치

는 영향이 막대함에 따라 특히 기술 창업을 권장하고 있다.

1억 명의 창업자를 키운다는 중국 정부의 담대한 목표 아래, 중국에서는 하루 평균 1만 5,000개의 스타트업이 탄생하고 있다. 중국 정부는 창업할 때 필요한 기술과 인력, 자원 등을 쉽게 구할 수 있는 플랫폼을 구축해 창업비용을 낮추고 있다. 기술력이 한 단계 업그레이드 되면 이전 버전의 기술은 대중에게 무료로 공개하는 실리콘밸리의 문화를 차용해 창업에 필요한 기술을 무료로 쓸 수 있는 기반을 만들었다.

거대 내수 시장에서 성공해 거부가 된 롤모델들이 청년을 창업 세계로 끌어당긴다. 중학교 시험에 세 번 떨어지고 대학입학시험에도 세 번 떨어진 알리바바의 마윈 회장이 세계 최대 전자상거래 기업을 만들어 30조 원의 거부가 된 이야기는 중국 장삼이사의 마음에 불을 지폈다.

중국 인터넷 기업이 전 세계에서 강세를 보이는 이유는 치열한 경쟁 때문이다. 미국은 P2P대출(개인 간 대출) 업체가 100곳을 넘긴 적이 없지만, 중국은 2,000~3,000개 P2P 업체가 치열하게 경쟁하며 시장에서 사라지고 다시 태어나기를 반복한다. 2016년에 중국에서 이뤄진 벤처 투자는 402억 달러로 한국보다 22배 더 많지만, 투자를 받기 위한 경쟁률은 1,501대 1로 한국의 278대 1보다 훨씬 더 치열하다. 시장은 크지만 그만큼 경쟁이 극심하고 생존율이 낮아, 그 경쟁을 뚫고 살아남은 업체는 세계 시장을 이끌 만큼 강력하다.

경쟁에서 살아남은 기업은 인수 합병을 통해 규모를 키우고 독과점 지위를 누린다. 미국의 아마존은 시장 침투율 50%에 이르는 데 14년이 걸렸지만, 중국의 알리바바 타오바오왕은 9년이 걸렸다. 미국 1위 메신저 왓츠앱은 침투율이 50%가 안 되지만, 중국 1위 메신저 위챗은 3년 만에 50%를 달성했다.

중국판 실리콘밸리

중국의 창업 육성은 중앙 정부의 강력한 의지와 지원 아래, 각 지방 정부가 지역 특색을 살린 지원 정책을 확대하면서 전국 단위로 이뤄진다. 특히 베이징, 선전, 상하이, 광저우, 항저우, 톈진, 쑤저우, 주하이 등 창업 거점 지역에 창업이 쉽게 일어나고, 창업이 크게 성공하도록 돕는 인프라를 집중 배치해 규모의 경제를 만들고 시너지를 낸다.

4차 산업 소프트웨어의 중심, 베이징

베이징에는 중국의 실리콘밸리라 불리는 중관춘이 있다. 레노버, 바이두, 샤오미, 오포, 디디추싱 등이 중관춘에서 탄

중국 유니콘 기업 지역 분포			
순위	도시	유니콘 기업 수	시가총액(억 위안)
1	베이징	67	20,140
2	상하이	39	6,750
3	항저우	20	13,330
4	선전	13	4,210
5	난징	6	865

출처: 후룬(胡润)연구원 2018. 7. 18.(KOTRA 해외시장 뉴스 2018. 8. 17.에서 재인용)

생했고, 2014년 포춘이 선정한 글로벌 500대 기업 중 98개 기업이 중관춘에 입주해 있다. 또한 창업 기업, 창업 협력 대학과 연구소, 벤처캐피털, 협력 대기업, 창업 지원 기관, 미디어 등이 유기적으로 연계돼 거대 창업 생태계를 구축하고 있다. 따라서 우수한 인재들이 모여 연구하고, 개발한 신기술을 상업화하는 데 탁월하다.

　중관춘의 가장 큰 강점은 우수한 인력 기반이다. 중관춘에는 베이징 중관춘 과학기술단지, 베이징 대학, 칭화 대학, 중국 과학아카데미 등 중국을 대표하는 대학과 연구기관이 있다. 정부의 적극적인 우수 인재 영입 정책을 통해 중관춘으로 귀국한 인재가 1만 8,000명이다. 기술을 보유한 청년에 대한 적극적인 인재 유인책으로 중관춘 입주 기업 임직원의 46.5%가

　　　　　　　　　　　　　　　　　　　중국이 이긴다

30대 미만으로 젊다. 서점 거리였던 곳에 창업 카페가 잇따라 생겨나자 2014년에 중관춘 관리위원회는 창업 거리를 조성했다.

투자도 넘쳐난다. 연간 6조 원대의 투자금이 중국 안팎에서 쏟아진다. 중국 전체 창업 투자금의 1/3이 중관춘에 집중된다. 중관춘 관리위원회는 기술력은 있지만 벤처캐피털로부터 투자 유치가 어려운 스타트업을 위해 벤처캐피털과 공동으로 13억 위안 규모의 엔젤투자기금을 조성했다. 중관춘에서 성공한 기업은 중관춘 내 후배 벤처에 투자한다. 레노바 계열의 벤처캐피털사인 레전드 캐피털은 30억 달러 규모의 펀드를 운용하며 200개 이상의 스타트업에 투자했다.

4차 산업 하드웨어의 중심, 선전

짝퉁의 대명사였던 선전이 글로벌 이노베이션의 메카로 거듭나고 있다. 세계 1위 통신장비 업체 화웨이, 세계 드론 1위 업체 DJI, 세계 최대 전기차 생산업체 BYD가 선전에 있다. 인터넷, 드론, 신에너지 등 신성장동력이 선전 지역 총생산의 40%를 차지하고 있고, 인구 8.5명당 1명이 창업가이다.

베이징 중관춘이 소프트웨어 창업의 중심이라면, 선전은 하드웨어 창업의 중심이다. 1990년대 후반부터 짝퉁 생산 제조기반이 자리잡으면서 선전은 짝퉁의 본산으로 통했다. 4차 산업혁명을 맞아 선전의 부품 조달력과 소규모 생산 환경에 전 세계 하드웨어 스타트업이 주목하기 시작했다. 공장, 부품 공급상, 유통 시스템 등 제조업 공급망이 발달해 최단 기간에 시제품 제작, 테스트, 완제품 생산이 가능하기 때문이다. 전자상가 밀집 지역인 화창베이에서는 구할 수 없는 부품이 없고, 미국보다 10배 빠른 시간에 10배 저렴한 가격으로 부품을 구할 수도 있다. 선진 외곽지역에는 시제품을 제작해 주는 소규모 공장이 즐비하다.

창업 생태계도 완벽하다. 하드웨어 창업을 전문으로 지원하는 시드 스튜디오, 핵스, PHC 인터내셔널 등이 있으며, 선전시는 기술 창업 기금, 네트워크, 창업 공간 등을 제공한다. 금융 기관, 투자 기관, 창업 인큐베이션, 엑셀러레이터가 든든한 자금줄 역할을 한다. 하이테크 산업의 성장형 기업을 대상으로 하는 선전 증권거래소가 자리해 성장 기업의 상장도 빠르게 이뤄진다.

화창베이 일대에는 스페인, 영국, 미국, 이집트, 인도 등 전 세계 각지에서 기술 창업을 꿈꾸며 온 외국인들로 북적인다. 원하는 부품을 언제든 저렴하게 구할 수 있고 외국인에 대한 텃세와 규제가 적어 인재가 몰린다. 미국 샌프란시스코에 본

중국이 이긴다

사를 둔 벤처캐피털 핵스는 선전이 중국 4차 산업혁명의 중심 거점이라 판단해 본사를 선전으로 이전했다. 실리콘밸리의 혁신이 선전으로 옮겨가고 있다는 평가가 나올 정도다.

전자상거래와 자금조달을 결합한 징둥

중국에서 창업이 활발한 이유 중 하나로 전자상거래를 통한 판매와 벤처 스타트업의 자금조달이 연결돼 있는 점을 꼽는다. JD크라우드펀딩은 중국에서 알리바바에 이어 두 번째 전자상거래 업체인 징둥의 자회사로, 중국 크라우드펀딩 시장에서 점유율 40%에 육박하는 절대강자다.

어떻게 강자가 됐을까? JD크라우드펀딩이 종잣돈을 마련해준 스타트업들은 징둥 전자상거래 플랫폼, 예컨대 JD몰이나 JD직구몰에 입점해서 물건을 팔 수 있다. 그런데 여기서 중요한 건 고객이 많은 대형몰에서 제품을 팔 수 있는 기회를 얻는다는 점도 있지만, 전자상거래라는 디지털시장에서 실시간으로 판매 상황을 체크할 수 있다는 점이다. 전자상거래 플랫폼에서 나오는 매출 정보는 투명하기 때문에 신뢰할 수 있을 뿐 아니라, 실시간으로 파악되는 그야말로 최신정보다. 따라서 매출이 늘든 줄든 변동을 빠르게 알 수 있기 때문에 비상장 스타트업 투자자들에겐 인기 만점이다. 왜냐하면 스타트업들은 거의 다 비상장이기 때문에 회사의 매출, 손익 등 재무정보에 대한 공시의무가 없어 정보 파악이 어렵기 때문이다. 또 IR(Investor Relations) 차원에서 홍보하더라도 투자자들이 원하는 시기에 해주는 것도 아니고, 100% 믿을 수도 없기 때문이다.

이렇게 전자상거래와 크라우드펀딩 자금조달이 징둥 같은 디지털시장을 매개로 연결돼 있으면 투자자만 좋은 게 아니다. 투명한 데다 실시간 정보를 얻게 되어 투자자들이 스타트업에 관심을 더 많이 갖게 되고, 또 양질의 투자자들도 늘어 스타트업들의 자금조달도 그만큼 좋아진다. 그 결과 더 좋은 스타트업들이 더 많이 징둥에 오게 되어 투자자, 스타트업, 징둥 모두가 이익을 얻고 다 같이 성장한다. 중국에선 징둥 뿐 아니라 알리바바 등 많은 전자상거래 업체들이 이러한 전자상거래와 자금조달을 결합한 모델을 활용하고 있다. 향후 우리나라도 창업활성화 방안의 하나로 적극 검토가 필요하다고 본다.

AGE OF CHINA

4장

중국발 유통 4차 혁명

1

디지털 유통 혁명

소비자 주권 시대의 개막

중국 4차 산업혁명 DNA의 절반은 유통 혁명이다. 중개자 없이 생산자와 소비자가 직접 만나는 디지털 거래 구조는 상품이 생산되고 유통되는 메커니즘을 바꾸고 있다. 중국 생산자와 소비자 간 직거래뿐 아니라, 전 세계 전 업종에서 생산자와 소비자 간 거래 방식이 바뀌고 있다.

과거에는 생산자와 소비자 사이에 중개자가 있었다. 신뢰 기반이 약한 사회일수록 중개자에 지불하는 거래 비용이 컸지만, 디지털 플랫폼에 생산자와 소비자 정보가 공개되면서 신뢰 기반으로 거래 비용 없이 직접 거래가 가능해졌다. 디지털 플랫폼 거래를 가능하게 한 주요 인프라는 지불 구조다. 중국은 알리페이, 위챗페이 등 신뢰도가 높으면서도 사용하기 쉽고 간편한 디지털 결제 시스템이 일상에 뿌리내렸다. 중개자가 있을 때 1,000위안에 판매되던 옷을 생산자와 직거래를 하면 500위안에 살 수 있다. 중개자 없이 거래하는 이익은 생산자와 소비자 모두에게 고스란히 돌아온다. 거래 비용을 낮추는 직거래의 이점이 강력하기 때문에 미래의 거래는 대부분 직거래로 이뤄질 것이다.

디지털 유통은 소비가 중심이 되는 소비자 주권 시대를 열었다. 중개자의 이익을 높이는 방식으로 움직이던 시장 구조가 소비자 이익을 어떻게 최대화하고 보호할 것인가 하는 관점으로 투명하게 운영된다. 생산자와 소비자 간 직거래를 통해 생산자는 소비자의 의중을 실시간으로 파악하고 피드백을 반영해 제품을 만든다. 재화의 낭비 없이 소비자가 원하는 상품을 공급할 수 있어 생산 효율성도 높아지고 있다.

인터넷 플러스 정책

화웨이는 2025년이 되면 전 세계 단말기 1,000억 개가 연결되고 인터넷 사용자 65억 명이 스마트폰 80억 대를 소유할 것으로 예측하고 있다. 10년 후 미래 기업 대부분은 인터넷 기업으로 바뀌고 생산, 제조, 마케팅, 소비 등 기업 활동도 디지털 기반으로 이뤄질 것이다.

디지털 유통이 성공적으로 안착하기 위해서는 디지털 시장을 전략적으로 키워야 한다. 아날로그에서 디지털로 경제 구조가 바뀌려면 디지털로 상품을 공급하는 기업, 디지털로 상품을 사는 소비자가 많아야 한다. 공급과 수요가 디지털에서 만나는 거대 시장이 형성될 때 경제 구조가 바뀐다.

디지털 시장을 키우기 위한 중국의 전략은 '인터넷 플러스' 정책이다. 산업의 중심에 인터넷을 두고 이종 산업 간 융합을 통해 새로운 산업 생태계를 만드는 것이 인터넷 플러스 정책의 골자다. 특히 신성장동력인 전자상거래를 중심으로 전통적인 유통, 물류, 인프라 구조를 혁신하고 있다. 도시 중심의 전자상거래를 발전시켜 중소 도시, 농촌, 국제 간 거래에 적용시켰다.

인터넷 플러스는 알리바바, 텐센트, 바이두 등 인터넷 기업 중심으로 민간에서 이루어지다가 2015년 3월에 정부에서 주도로 추진하겠다고 공식화했다. 리커창 총리는 인터넷 플러스 정책을 통해 신기술과 산업의 융합, 전자상거래 촉진, 인터

인터넷 플러스 중점 융합 분야	
인터넷	융합 방향
+ 창업	창업 지원 강화, 대중 창업 공간 발전, 개방형 혁신 발전
+ 제조	스마트 산업 로봇·3D 프린터 등 스마트 제조 발전, 산업 애플리케이션 기술 혁신, 개인 맞춤 생산 분야 발전, 제조업의 서비스화 전환
+ 농업	첨단 농업 생산 경영 시스템 구축, 생산 관리 방식 개선, 농산물 이력제
+ 에너지	에너지 생산 스마트화, 스마트 그리드 건설
+ 금융	인터넷 금융 클라우드 플랫폼 구축, 대출, 증권, 보험, 펀드 등 인터넷 금융 서비스 혁신 범위 확대
+ 환경	자원 환경 모니터링 강화, 스마트 환경 보호, 자원 회수 이용 시스템 개선
+ 물류	물류 정보 공유 시스템 구축, 스마트 창고 시스템 건설, 스마트 물류 배송 시스템 개선
+ 전자상거래	농촌 전자상거래 발전, 산업 간 전자상거래 발전, 국제 전자상거래 협력 확대
+ 사회서비스	정부 공공 데이터 개방, 온라인 의료 진료 모델 확대, 신형 교육 서비스 모색
+ 교통	교통 운송 서비스 품질 개선, 교통 운송 정보 온라인 수집
+ 인공지능	인공지능 신산업 육성, 중점 영역 스마트 상품 혁신

넷 금융 발전, 인터넷 기업 해외 진출 등을 이루겠다는 행동
전략을 2015년 7월에 발표했다. 법, 제도, 환경, 재정, 인프라,
인력, 세무 등을 인터넷 플러스를 중심에 두고 혁신한 것이다.

인터넷 플러스 정책으로 사회 재구조화가 일어나고 있다.
산업 간 경계가 허물어지면서 거대한 확장성이 생기는 것이

다. 인터넷+창업, 인터넷+제조, 인터넷+농업, 인터넷+에너지, 인터넷+금융, 인터넷+환경, 인터넷+물류, 인터넷+전자상거래, 인터넷+사회 서비스, 인터넷+교통, 인터넷+인공지능 등 인터넷을 중심으로 전 산업 분야로 확장되고 있다. 인터넷과 잘 융합된 업종은 정보가 비대칭에서 대칭으로 전환되고, 고립된 비즈니스 세계가 신뢰 기반의 투명한 관계로 전환될 것이다.

4차 산업혁명도 디지털 유통혁명에서 시작

화4차 산업혁명에 대해 다양한 해석과 의견이 있다. 예컨대 경제용어사전엔 '제조업과 정보통신기술(ICT)를 융합해 소통체계를 구축하고 생산과정을 최적화하는 차세대 산업혁명'이라고 하고, 다보스포럼의 클라우스 슈밥 회장은 '디지털, 물리학, 생물학적 영역의 경계가 허물어지면서, 기술이 융합되는 인류가 이제껏 경험하지 못한 새로운 혁명'이라고 얘기한다. 하지만 개인적으론 4차 산업혁명이란 '생산자와 소비자가 실시간으로 만나는 디지털 유통혁명에 ABCD 기술혁명을 합한 것'이라고 생각한다.

우선 디지털 유통혁명은 유통시장이 아날로그 오프라인

(전통시장, 백화점, 쇼핑몰, 금융회사)에서 디지털 온라인(PC, 모바일 스마트폰)으로 급격히 바뀌는 것을 말하는데, 특히 PC에서 모바일로 바뀌면서 혁명적인 변화가 일어나고 있다. PC만해도 들고 다니긴 해도 아무데서나 꺼내보긴 쉽지 않다. PC는 쇼핑을 하기엔 시간과 공간의 제약이 있는 시장인 반면 모바일 스마트폰은 언제 어디서나 들어가 쇼핑할 수 있는 디지털 시장이다. 한마디로 시간과 공간의 제약이 없는 완벽한 손 안의 시장이다. '언제 어디서나' 살 수 있으니, 소비자들이 폭발적으로 늘고, 소비자들이 폭발적으로 느끼까 생산자들도 죽기 살기로 디지털시장에 입점하려고 경쟁한다.

이 과정에서 가장 큰 이익을 본 건 이 디지털시장을 소비자, 생산자가 직접 거래할 수 있는 플랫폼으로 만든 플랫폼업체들로 미국의 GAFA(구글, 애플, 페이스북, 아마존)와 중국의 BAT맨(바이두, 알리바바, 텐센트)이다. 소비자, 생산자들이 쉽고 편하게 연결될 수 있도록 사용자 인터페이스(UI)와 사용자 경험(UX)만 잘 만들어줘도 순풍에 돛 단 듯이 고객이 급증한다. 이들 업체들 대부분이 글로벌 시가총액 10위 안에 든 것만 봐도 이 '언제 어디서나' 시장의 폭발적인 확장성을 알 수 있다.

ABCD 기술은 4차 산업혁명의 두 번째 요소라 할 수 있다. 로봇, 해양기술, 우주항공, 신에너지기술 등으로 미래 산업을 설명하지만, 이것들을 핵심기술로 분해하면 ABCD로 되기 때문이다. 예를 들어 로봇기술을 분해하면 핵심은 빅데이터와 이에 기초한 인공지능이다. 그런데 여기서 우리가 놓쳐서는 안 되는 중요한 것이 있다. ABCD라는 핵심기술도 철저하게 디지털시장 또는 디지털플랫폼에서 만들어진다는 점이다. 특히 ABCD 전체의 기반이 되는 빅데이터는 한마디로 디지털시장에서 소비자와 생산자가 거래하면서 만들어지는 소비자 빅데이터가 핵심 중의 핵심이다. 제품의 품질과 가격에 따라 달라지는 소비자 빅데이터를 보고 생산자는 자기 제품을 개선하고 혁신해 경쟁력을 높인다. 따라서 4차 산업혁명에서의 기술혁명도 기본은 디지털 유통혁명에서 시작됨을 잊지 말자. 중국은 디지털 유통혁명에서 성공했기 때문에 4차 산업혁명이 빠르게 진행되고 있다. 4차 산업혁명에서 성공하려면 디지털 유통혁명에서 성공 체험을 하고, 각자 환경에 맞는 시스템을 만들어야 한다.

2
O2O가 바꾸는 일상

세계 1위 O2O 시장

온라인과 오프라인이 결합하는 O2O(Online to Offline) 시장이 가장 큰 나라가 바로 중국이다. O2O 서비스는 배달, 자동차, 부동산, 가사, 뷰티 등 전통적인 오프라인 시장을 온라인과 결합시켜 중국인의 생활 습관을 바꾸고 있다. 중국의 스마트폰 사용사는 10억 명인데 그중 6억 명이 O2O 서비스를 이용 중이다. 세계 1위 O2O 시장인 중국의 시장 규모는 2014년 1,145억 위안에서 2017년 1조 346억 위안으로 3년 사이 9배나 성장했다. 중국 모바일 결제 인구가 5억 명을 넘어섬

2014-2017년 중국 O2O 거래 규모			
(단위: 억 위안)			
2014년	2015년	2016년	2017년
1,145	3,281	5,825	10,346

출처: 이관

중국 O2O 분야별 점유율								
(단위: %)								
음식	차량 공유	여행	신선 식품	부동산	인테리어	자동차	가사	미용
56.6	33.7	31.7	11.6	11.4	6.9	5.8	4.3	3.0

출처: 모비인사이드(2016), 텐센트 보고서가 말하는 중국 O2O

2017년 상반기 중국 O2O 상위 3개 플랫폼 현황		
	거래 규모 (단위: 억 위안)	1일 거래 건수 (단위: 만 건)
메이퇀 (텐센트)	1,713	2,000
코우베이 (알리바바)	1,670	1,800
바이두	333	183

출처: 이관

에 따라 O2O는 거스를 수 없는 대세가 되었다.

O2O 시장이 빠르게 성장함에 따라 O2O 분야 창업이 연쇄적으로 일어났다. 춘추 전국 시대를 거치며 수많은 O2O 업체들이 문을 닫았고, 거대 플랫폼과 자금력을 가진 배트맨을 중심으로 O2O 시장이 재편되어 규모의 경제가 가능해졌다.

바이두의 누오미, 알리바바의 코우베이와 어러머, 텐센트의 메이퇀과 다종디엔핑이 O2O 시장을 장악했다.

O2O 시장에서 플랫폼의 힘은 강력하다. 아날로그 시장에서는 거래가 단절되어 있었다. 즉 소비자가 음식점에 가는 행위, 가사 도우미를 고용하는 행위, 신선 식품을 구매하는 행위는 각각 별개로 이루어졌다. 반면 디지털 세계는 업종과 시공간의 구분이 없다. 한 명의 소비자에게 택시, 뱅킹, 헤어, 쇼핑 등 다양한 일상 서비스를 제공하는 카카오처럼, 디지털 플랫폼에 올리면 업종 구분 없이 무엇이든 팔 수 있다. 플랫폼에 서비스 하나를 더 얹어 제공하는 것은 어렵지도 않고 비용이 들지도 않는다. 소비자가 좋아하는 다양한 서비스를 패키지로 묶어 파는 것도 가능하다. 플랫폼을 통한 쉽고 편한 소비에 길들여진 소비자는 아날로그 이용을 줄이고 있다. 중국 O2O 플랫폼 기업은 중국 시장에서의 강력한 성공 경험과 자금력을 바탕으로 세계 시장으로 뛰어들었다.

인기 O2O 서비스

중국판 배달의 민족, '어러머'

중국 O2O 서비스 가운데 시장 규모가 가장 큰 서비스는 음식 배달 분야인데, 스마트폰 이용자의 41%가 이용하고 있다. 중국 3대 음식 배달 서비스는 어러머, 메이퇀 와이마이, 바이두 와이마이로 3사의 시장 점유율은 83%에 달한다. 어러머는 알리바바, 메이퇀 와이마이는 텐센트, 바이두 와이마이는 바이두에서 투자받았다. 2017년 여름에 알리바바가 바이두 와이마이 지분을 인수하여 시장의 50%를 장악하면서, 음식 배달 시장은 알리바바와 텐센트가 양분하고 있다. 바이두는 피 튀기는 O2O 전쟁에서 알리바바와 텐센트에 밀린 뒤, 각종 사업을 정리하고 인공지능에 매진하고 있다. 바이두 와이마이는 어러머에 통합되지 않고 독자 브랜드로 사업을 운영한다.

음식 배달 1위 O2O 서비스는 어러머로 중국어로 '배고프세요?'라는 의미다. 창업자 장쉬하오는 2008년에 대학교 기숙사에서 친구들과 컴퓨터 게임을 하다가 출출함을 달래려고 음식을 주문했는데, 시간이 늦어 배달해주는 곳이 없었다. '온라인으로 주문할 수 있으면 좋을 텐데'라는 생각에 2009년 4월에 학교 동기들과 창업했다. 2013년에 200명이던

중국 음식 배달 시장 규모	
	(단위: 위안)
2011년	2016년
216억 8,000만	1,662억 4,000만

출처: 무역협회

온라인으로 음식을 주문하는 중국 소비자 추이	
	(단위: 명)
2014년	2018년
1억 1,400만	3억 4,500만

출처: 중국 우정국, 중국 인터넷망 정보센터, 차이나데일리

2017년 상반기 음식배달앱 1일 평균 활성 이용자 수	
	(단위: 만 명)
업체명	이용자 수
어러머	551
메이퇀 와이마이	462
바이두 와이마이	193

출처: 이관

직원 수는 2016년에 1만 5,000명으로 늘어날 만큼 고속 성장했다. 2017년 기준 2,000개 도시에 130만 개의 가맹점이 있으며, 2억 6,000만 명이 사용 중이다. 알리바바, 중신, 세콰이어 캐피털 등에서 23억 4,000만 달러를 투자받았다.

중국이 이긴다

어러머는 음식 배달 로봇 완샤오어, 음식 전문 배송 드론 E7을 선보이며 음식 배달 혁신에도 나섰다. 완샤오어는 오피스 빌딩 직장인에게도 음식을 배달한다. 3단 보온 수납 선반이 장착된 배달 로봇은 최장 8시간 작동하며 80kg까지 실을 수 있다. 로봇이 고객 사무실에 도착하면, 터치스크린에 음식물 수취 모드가 뜨고, 고객이 음식을 꺼내 수취 확인을 클릭하면 배송이 완료된다. 어러머는 오피스 일대에 배송 로봇이 대거 투입되면 주문 시간이 한 건당 5~10분이 단축될 것으로 기대하고 있다. 한편 어러머는 음성 기반 스마트 이어폰을 개발했다. 배달원이 운전 중에 스마트폰을 보지 않고 음성으로 주문 정보, 길 안내, 고객 정보, 피드백 등을 전달받을 수 있어

배달원의 안전과 배송 효율이 개선되었다.

공유 자전거의 리더, '모바이크'와 '오포'

중국 베이징에는 거리 곳곳에 세워진 공유 자전거 10만 대가 중국 시민들의 삶에 편리를 더하고 있다. 특정 대여 구역이나 반납 장소 없이, 가까이 있는 공유 자전거를 타고 목적지에 도착해 적당한 곳에 세워두기만 하면 된다. 공유 자전거 업체는 30여 개 브랜드가 운영되는데, 노란색 자전거 오포와 오렌지색 자전거 모바이크가 공유 자전거 시장을 이끌고 있다.

오포는 베이징대 캠퍼스에서 시작되었다. 학교에 세워진 쓰지 않는 자전거를 공유하는 플랫폼을 만들면 좋겠다는 아이디어로 장스딩 등 대학생 3명이 창업했다. 자전거가 필요한 사람이 가까이 세워진 자전거를 찾아 고유 번호를 앱에 입력하면, 자물쇠 비밀번호가 전송된다. 오포는 베이징대에서 이룬 성공을 바탕으로 확장해 2년 만에 200여 개 대학에서 하

중국 자전거 공유 서비스 이용자				
				(단위: 명)
2015년	2016년	2017년E	2018년E	2019년E
245만	1,886만	4,965만	7,294만	1억 729만

출처: 빅데이터 리서치

중국이 이긴다

오포 VS 모바이크		
오포	구분	모바이크
장스딩 등 베이징대 출신 3명	창업자	우버차이나 상하이법인 총경리 출신 왕샤오펑
2015년	창업 시기	2016년
49만 명	하루 이용자 수	98만 명
개인 자전거 공유 + 자체 제작 자전거	자전거 확보	자체 제작 자전거
- 휴대폰 앱에 자전거 등록 번호 등 입력하면 자물쇠 비밀번호 전송 - 모바일 결제	이용 방식	- 자전거에 GPS가 내장돼 휴대폰으로 추적 가능 - QR 코드 스캔하면 잠금 자동으로 해제, 모바일 결제
- 보증금 99위안 (약 1만 6,800원) - 시간당 요금: 학생 0.5위안 (85원), 일반 1위안(170원)	이용 요금	- 보증금 299위안 (약 5만원) - 30분당 요금: 0.5~1위안 (85~170원)
샤오미(중국 휴대폰 메이커), 디디추싱(중국 1위 카셰어링 업체), 디지털스카이테크놀러지(페이스북 지분 보유한 러시아 글로벌 펀드)	주요 투자자	워버그핀커스(세계 3위 사모펀드), 텐센트(중국 최대 IT 기업), 테마섹(싱가포르 국영 펀드), 팍스콘(애플 조립으로 유명한 대만 최대 제조업체), 씨트립(중국 최대 온라인 여행사)

출처: 조선일보

루 50만 명이 이용하고 있다.

도시 출퇴근족을 위해 만든 공유 자전거 서비스가 모바이크다. 모바이크는 우버 차이나 상하이 법인 마케팅 총괄이었던 왕샤오펑이 창업했으며, 자전거를 자체 제작해 GPS를 장착하고 고유 QR 코드를 부착했다. 이용자들은 앱을 통해 현재 위치와 가까운 자전거를 찾고, 자전거에 부착된 QR 코드를 스캔해 잠금을 해제하고 이용한다. 상하이에서 시작한 모바이크는 베이징, 선전 등 9개 대도시로 확산돼 하루 100만 명이 이용 중이다.

서로의 자전거를 공유하는 플랫폼인 오포는 이용료가 낮다. 보증금 99위안에 시간당 요금이 0.5~1위안으로 박리다매를 지향한다. 한편 자체 자전거를 제작해 보급하는 모바이크는 보증금 299위안에 30분당 이용료가 0.5~1위안으로 비싸지만 GPS가 장착돼 편리하다.

오포는 1억 달러의 투자금을 유치했고, 모바이크는 2억 달러를 투자받았다. 모바이크는 막강한 자본력을 바탕으로 미국, 영국, 싱가포르, 한국 등 세계 100개 도시에 진출했다. 2017년, 미국 실리콘밸리에서는 모바이크를 그대로 모방한 라임바이크 서비스가 출시됐다. 이런 추세로 인해 글로벌 O2O 시장은 중국이 점령했다는 평이 나오고 있다.

3
알리바바의
디지털 실크로드

거대 글로벌 디지털 시장

중국이 디지털 G1을 겨냥함에 있어 빼놓을 수 없는 것으로 디지털 실크로드를 꼽을 수 있다. 지난 2016년 9월 중국 저장성의 성도 항저우에서 열린 G20 정상회의에서 일약 스타가 된 기업인이 있다. 중국 관광객들이 해외에서 물건을 사고 결제할 때 가장 많이 쓴다는 온라인 결제 플랫폼인 '알리페이'의 모회사 알리바바를 이끌고 있는 마윈 회장이 바로 그 주인공이다. 원래 항저우에서 태어나 자랐고 마윈이 창업한 중국 최대 전자상거래업체 알리바바의 본사도 항저우에 있기 때문에 항저우에서는 그를 영웅이라고 부른다. 시진핑 주석이 주창한 일대일로가 아날로그의 실크로드라면 알리바바 마윈 회장이 주창한 WTP는 디지털 실크로드(또는 인터넷 실크로드)라 할 만하다. eWTP(전자세계무역플랫폼)는 Electronic World Trade Platform의 약자로 세계무역기구 WTO에 대비되는 용어다. eWTP는 최소한의 관세, 신속한 통관, 최첨단 물류 서비스를 지원하며, 중소기업 및 신생 기업의 무역 장벽을 낮추는 것이 목표이다. 말레이시아에서 최초로 만들어졌고, 태국에서 2번째로 만들어진다. 시진핑 주석의 실크로드가 옛날 중국이 유럽, 아프리카까지 무역하던 육로와 해로였던 실크로드를 다시 부활시키자는 것이라면, 인터넷 실크로드는 말 그대로 실제로는 보이지 않는 사이버 공간을 통해 서로 무역하는 실크로드를 말한다. 이제까지 아날로그 무역이 WTO 체제 하에서 이뤄졌다면 앞으로 본격적으로 늘어날 인터넷 무역, 즉 인터넷상의 직구(수입)와 역직구(수출)에는 eWTP와 같은 새로운 시스템이 필요할 거라는 판단에서 마윈이 주창하였다.

이러한 마윈의 아이디어가 세계의 주목을 받은 것은 2016년 항저우에서 열린 G20 회의였다. 당시 G20 회의 때 마윈은 B20라는 비즈니스 20개국 리더 회의의 한 부문장을 맡았다. 거기서 그가 건의한 인터넷 실크로드라는 내용이 G20 정상 공동선언문에 반영되면서, 마윈이란 기업인이 정치 외교의 장에서 주목을 받았다.

마윈은 지금까지는 국가 간 무역이 세계화를 통해 확대됐지만 세계화로 글로벌 대형 기업들이 주로 이익을 많이 얻게 되면서 승자 독식과 양극화(부익부, 빈익빈)가 더 심해졌다고 주장했다. 물론 마윈은 세계화라 해서 꼭 승자 독식, 양극화로 귀결되는 것은 아니라고 말했다. 예컨대 그가 주장한 인터넷 실크로드를 통한 세계화로 무역을 늘리면 세계 곳곳에 네트워크와 유통망이 없는 중소 벤처기업들도 큰 비용을 들이지 않고 인터넷을 통해 수출할 수 있기 때문에 이제까지의 세계화와는 다른 세계화, 과거 세계화의 부작용도 줄일 수 있는 효과가 있다고 주장한 것이다. 한 마디로 중소 벤처기업에는 인터넷 실크로드 내지 인터넷 실크로드의 현실적 수단이라 할 수 있는 인터넷 플랫폼이 큰 역할을 할 것이라는 얘기였다.

WTO의 아제베도 사무총장은 물론 조코 위도도(일명 조코위) 인도네시아 대통령, 트뤼도 캐나다 수상, 마테오 렌치 이탈리아 총리, 말콤 턴불 호주 총리 등 4개국 정상들도 이에 공감을 표하며, 알리바바 본사를 방문해 마윈과 미팅을 했다. 주제는 이들 국가의 중소 벤처기업 육성방안이었고, 특히 조코위

인도네시아 대통령은 마윈을 인도네시아 경제고문으로 위촉하면서 인도네시아 5,600만 개 중소기업이 알리바바 플랫폼을 타고 중국과 전 세계로 진출하길 희망한다고 기자회견에서 언급해 관심을 모았었다.

전 세계 중소기업들을 돕는다는 측면에선 상당한 의미가 있지만, 결국 알리바바와 중국이 가장 큰 수혜를 얻게 될 것이므로 이러한 인터넷 실크로드의 주도권 장악은 향후 디지털 G1 등극을 노리는 중국의 중요 전략으로 자리매김할 것으로 보인다. 아무튼 항저우 G20 회의가 끝난 후, 뉴욕에 상장돼 있는 알리바바 주가가 빠르게 상승하면서 일시적이긴 하지만, 텐센트 시가총액을 뛰어넘어 아시아 시가총액 1위를 차지한 점은 시사하는 바가 크다.

인터넷을 통한 세계 무역이 차세대 무역의 트렌드라는 점에서 보자면 중국은 미국에 한 발 앞서 있으며, 실크로드와 일대일로를 중국몽(中國夢)과 연결해온 시진핑 주석도 정책적으로 마윈의 구상을 적극 지원하고 있다. 다른 국가들의 관심이 워낙 높아 시진핑 주석 입장에서도 인터넷 실크로드로 상당한 외국 지원군을 얻을 수 있기 때문이다. 중국 공산당 기관지 성격인 인민일보도 2016년 5월 알리바바의 디지털 플랫폼 즉, 인터넷 실크로드에 대해 극찬한 바 있다.

2017년 중국의 국경 간 전자상거래 규모는 7조 위안이었으며, 2018년에는 8조 8,000억 위안, 2020년에는 12조 위안에 이를 것으로 예상된다. 2020년에는 중국의 국경 간 전자상거래 거래액이 전체 수출입의 37.6%를 차지해 주요 무역 수단으로 자리잡을 것이다.

B2B 전자상거래 플랫폼인 알리바바닷컴은 글로벌 비즈니스 생태계를 만드는 선두주자이며, 중소기업이 글로벌 시장에 나갈 수 있는 길을 열면서 'Go Global'이라는 슬로건으로 세계화를 추진하고 있다. 알리바바닷컴에서 하루 발생하는 전자상거래 규모는 7억 달러이다. 글로벌 240개 지역의 기업 고객들이 200만 개 온라인 스토어에서 거래한다. 알리바바닷컴에서 한국 기업 제품을 사가는 바이어의 70%는 미국이다. 알리바바닷컴은 앞으로 2억 명의 글로벌 이용자를 유치하고, 중국 밖의 1,000만 개 중소기업을 지원할 계획이다.

아날로그 시장에서 제품 경쟁력은 가격과 품질이었다. 디지털 시장이 커지면서 디지털 금융 시스템과 배송 시스템의 안정성과 속도가 경쟁력의 주요 부분으로 부상했다. 알리바바는 전 세계를 연결하는 금융 및 물류 네트워크를 만들어 시장을 통합했다. 물류 계열사 차이냐오에 투자해 전 세계 물류 및 택배 시장을 장악하고 있으며, 향후 5년간 151억 달러를 투자해 글로벌 물류 인프라를 확대하고 로봇을 통해 물류 효율성을 높일 계획이다.

차이냐오는 글로벌 물류 회사와 협력해 서로의 물류 창고를 나눠 쓰고 국내외 배송을 함께 하는 차이냐오 네트워크를 구축했다. 중국의 15대 물류 회사, 싱가포르의 싱포스트, 영국의 로열메일, 한국의 CJ대한통운 등 90여 개 글로벌 물류 회사와 협력하고 있다. 또한 200만 개 전자상거래 업체가 차이냐오 네트워크를 이용 중이다.

동남아시아로 영토 확장

동남아시아의 인터넷 이용자 수는 2억 6,000만 명이며, GDP와 중산층이 성장하고 스마트폰 보급이 확대되면서 매달 380만 명씩 늘고 있다. 동남아시아 전체 소매 유통에서 온라인 비중은 아직 약 3%에 불과해 중국과 미국 평균인 14%와 비교할 때 성장 잠재력이 매우 크다.

이 때문에 동남아 전자상거래 시장을 선점하기 위한 미국과 중국 간 경쟁이 치열하다. 알리바바는 동남아 시장을 선점하고 아마존의 진출을 견제하기 위해 2016년에 동남아 최대 전자상거래 기업인 라자다를 인수했다.

라자다는 동남아의 아마존이라 불리는 기업으로, 싱가포르에 본사를 두고 말레이시아, 인도네시아, 필리핀, 태국, 베트남 등 6개국에서 사업하고 있다. 가전제품, 생활용품, 의류, 식료품 등 2억 1,000만 개의 제품을 판매한다. 라자다의 연거래 규모는 13억 6,000만 달러이고, 연간 고객 수는 2,300만 명이다. 라자다를 인수한 알리바바는 동남아 시장에 적극적으로 진출했다. 알리페이 금융 플랫폼을 만들고 싱가포르에 B2C 플랫폼인 타오바오를 런칭해 40만여 개 상품을 공급 중이다.

동남아 물류 허브를 구축하기 위해 2019년 완공을 목표로 말레이시아 쿠알라룸푸르 국제공항 인근에 물류 센터를 지었으며, 배송 인프라가 부족한 동남아 시장에 효과적인 배송 서비스를 제공하기 위해 직배송 시스템을 구축했다. 또한 현지 파트너와 계약해 10개의 물류 창고와 50개의 물류 허브를 확보했다. 기존 동남아의 우편 배송과 비교할 때 배송 시간 단축, 무료 반송, 관부가세 절차 개선 등으로 거래의 효율성을 높였다.

알리바바의 동남아시아 진출은 알리바바 플랫폼과 결제 서비스를 제공하는 알리페이가 양대 산맥이다. 특히 알리페이는 스마트폰에 알리페이 앱(애플리케이션)을 깔고 상점 QR 코드만 읽으면 쉽게 결제할 수 있어 대단히 편리하다. 알리페이를 통한 알리바바의 해외 진출은 3단계로 구성된다. 첫째,

유커(중국인 관광객)들이 해외에서 알리페이를 사용함으로써 알리페이의 편리함을 선전한다. 둘째, 해외 고객들에게 알리바바 플랫폼, 특히 배송을 담당하는 알리익스프레스 이용을 유도한다. 셋째, 현지 파트너와 제휴해 알리페이와 똑같은 결제 서비스를 현지 통화로 제공하는 방식이다. 동남아시아 진출 중에서도 관심을 끄는 건 태국과 말레이시아이다. 태국의 경우 2016년 9월 쁘라윗 짠오차 총리와 마윈의 회담 후 국가 간 디지털 협력으로 격상되면서 빠르게 진전되는 양상이다. 주요 내용은 디지털 플랫폼을 통한 태국 중소기업의 전자상거래 지원과 디지털 분야 인재 육성, 물류 시스템 개발이지만 한 마디로 알리바바 플랫폼의 본격적인 태국 진출인 셈이다. 태국 정부도 생산능력 확대('타이랜드 3.0')에서 부가가치 제고('타이랜드 4.0')로 정책을 바꾸는 과정에서 산업의 디지털화, 예컨대 디지털 플랫폼과 빅데이터, IoT, 인공지능 같은 디지털 기술을 중시하고 있기 때문에 상호 윈윈이라고 받아들이고 있다.

말레이시아 진출은 더욱 빠르다. 2016년 10월 나집 라작 총리와 마윈의 첫 회담에서 말레이시아 중소기업 1만 개를 알리바바 플랫폼에 입점시키기로 합의했다. 이뿐 아니라 마윈이 말레이시아 정부의 디지털 경제위원회 고문이 되자 디지털 자유무역지구(DFTZ)가 쿠알라룸푸르 국제공항 주변에 개설됐으며, 2017년 11월부터 본격 가동된다고 한다. 말레이시아는 경제력, 시장 개방 측면에서 싱가포르 못지않아 아시아의 허브가 될 가능성이 높다. 따라서 말레이시아는 전자 세계무역플랫폼(eWTP) 구현을 위한 해외 거점으로 안성맞춤이다. 말레이시아도 중소 벤처기업 활성화와 대중 수출이 워낙 중요하기 때문에 알리바바 같은 전자상거래 플랫폼 육성에 거는 기대가 크다고 한다.

AGE OF CHINA

5장

중국발 금융 4차 혁명

1
낙후된 금융의 반란

비효율적인 국유 은행

중국은 개혁 개방을 통해 외국 자본 투자를 유치했다. 경제 성장으로 개인 소득이 상승하고 기업이 자본을 축적하자 중국 정부는 개인과 기업 자금을 예금으로 유치한 뒤 국가가 전략적으로 배분한다는 계획 아래 대형 국유 은행을 세웠다. 1979년 중국 건설 은행을 시작으로 대규모 국유 은행들이 설립됐다. 2010년 기준으로 6대 국유 은행 자산은 전체 금융 자산의 43%를 차지하며 전체 국유 은행 자산은 전체 금융의 70%에 달한다.

중국 그림자 금융 잔액 추이				
2010년	2011년	2012년	2013년	2014년
9조	12.6조	19.7조	30.5조	39.6조

(단위: 위안)

출처: 인민은행

국유 은행은 저금리로 예금을 유치해 80% 이상을 국유 기업에 저금리로 대출했다. 비효율적인 국유 기업에 돈을 빌려주느라, 고용의 80%를 책임지고 있고 효율성도 높은 민간 기업은 자금 조달이 어려웠다. 국유 기업은 저금리로 빌린 돈을 부동산 등 고수익 사업에 투자했고, 과도한 부동산 개발은 부동산 부실로 이어졌다.

반면, 민간 기업과 개인의 자금 수요는 나날이 커지는 데도 불구하고 국유 은행에서 자금을 조달하지 못하게 되자 그 대안으로 그림자 금융이 생겨났다. 그림자 금융은 정부의 금융 관리 대상에서 벗어난 신탁 회사, 대출 보증 회사, 사채, 전당포 등 사금융 시장을 일컫는다. 그림자 금융의 금리는 연평균 20%에 이를 정도로 높았지만, 당장 자금이 급한 민간 기업과 개인은 고금리로 자금을 융통할 수밖에 없었다.

인터넷 기업의 금융 진출

낙후된 금융업에 알리바바를 필두로 한 인터넷 기업이 진출했다. 2013년, 시장에 현금이 바닥나자 단기 금리가 15%까지 올랐다. 예금 금리를 높여 예금을 유치해 대출 금리를 낮춰야 할 국유 은행은 아무것도 하지 않았다. 1년간 돈을 찾지 못하는 정기 예금 금리가 부동의 3%대였다.

이때 알리바바는 소비자들이 온라인으로 물건을 사고 남은 잔금을 운용하는 머니마켓펀드(MMF)의 일종인 위어바오를 런칭했다. 입출금이 자유로우며 7~8%의 금리를 보장했다. 시중 은행보다 높은 금리와 모바일 거래의 편의성이 주는 매력이 커서 위어바오는 판매 6개월 만에 투자자 1억 5,000명, 투자금액 6,000억 위안 규모로 빠르게 성장했다.

인터넷 금융이 성장하자 인민은행 총재는 정부에 불법인 유사 금융 행위를 규제할 것을 요청했다. 알리바바 회장 마윈은 자사의 금융업은 돈을 벌기 위한 것이 아니라 중국에 더욱 개방적이고 투명한 금융 시스템을 만들기 위한 것이라고 맞대응했다. 감옥에 가야 한다면 자신이 가겠다며 기존의 지불 결제를 넘어 종합 금융으로 서비스를 확대했다.

중국 정부는 인터넷 기업의 편을 들어줬다. 단기 금리가 높아 시장이 어려움을 겪을 때, 인터넷 기업이 자금을 모아 단기

채권을 사자 금리가 안정되었다. 극심한 금융 양극화를 어떻게 해소해야 할지, 중소기업의 자금 조달을 어떻게 도와줘야 할지 고민스러울 때, 인터넷 금융이 등장하자 수요와 공급에 따라 금융 시장이 효율적으로 움직이기 시작했다. 30%에 육박하던 중소기업 대출 금리가 인터넷 기업의 금융 진출 2년 만에 10%대로 떨어졌다.

금융(Finance)에 기술(Technology)을 융합한 '핀테크(Fintech)' 기업이 쏟아질 때, 중국 정부는 국유 은행의 볼멘소리를 무시하고 인터넷 기업의 금융 진출을 허용했다. 디지털 기술을 융합한 다양한 신종 금융 상품이 출현할 때 중국 정부는 선 허용 후 보완의 포용적 정책을 폈다. 리커창 중국 총리는 "새로운 비즈니스 모델에 서둘러 규제를 도입해 위축시키기보다 포용력을 갖고 신중하게 접근해야 한다"고도 말했다. 중국의 낙후된 금융 시스템은 오히려 중국이 핀테크 영역에서 앞서가는 계기가 됐다

국유 은행과 인터넷 은행의 연대

2014년 12월에 텐센트가 중국 1호 인터넷 전문 민간 은행을 설립한 데 이어, 알리바바, 징둥, 바이두도 인터넷 은행을 열

중국이 이긴다

중국 4대 국유 은행 예매 마진 수익			
			(단위: 억 위안, %)
	공상은행	건설은행	농업은행	중국은행
2016년 수입	4,718	4,178	3,981	3,060
증감률	-7.1	-8.73	-8.7	-6.9

출처: 각 은행

중국 4대 국유 은행 인력			
			(단위: 명)
	공상은행	농업은행	건설은행	중국은행
2015년	466,346	503,082	369,183	310,042
2016년	461,749	496,698	362,482	308,900
감소폭	-4,597	-6,384	-6,701	-1,142

출처: 각 은행

었다. 국유 은행이 독점하던 시장에 민간 은행이 속속 등장하면서 금리가 자유화됐다. 이제 국유 은행이 유유자적하던 시절은 막을 내리고, 국유 은행과 인터넷 은행 간의 본격 경쟁이 시작됐다. 국유 은행은 거대한 규모를 바탕으로 여전히 큰 이익을 내고 있지만, 수익 증가율은 급격히 둔화됐다.

국유 은행은 거래 규모가 크고, 누적된 고객 데이터가 방대하며, 금융상품 개발 역량이 탁월하다. 인터넷 은행은 빅데이터, 인공지능, 블록체인, 클라우드 등 미래기술 역량이 좋다.

알리바바와 징둥은 소비자 금융에 관심이 많고, 바이두와 텐센트는 인공지능과 클라우드에 중점을 둔다.

　서로 견원지간이던 국유 은행과 인터넷 은행이 2017년 손을 잡았다. 신성장동력이 절박한 국유 은행과 핀테크를 확장하기 위해 규모가 필요한 인터넷 은행 간의 이해관계가 맞아떨어져 상생의 길을 선택했다. 4대 국유 상업은행과 4대 핀테크가 하나씩 짝을 지었다. 건설은행과 알리바바, 중국은행과 텐센트, 농업은행과 바이두, 고상은행과 징둥으로 맺어졌다. 중국 경제 매체 후아지왕은 이에 대해 '영원한 적은 없다. 영원한 이익이 있을 뿐이다'고 보도했다.

2
글로벌 리딩 핀테크

결제 핀테크

중국에서는 모바일 결제가 일상이다. 거리에서 걸인은 QR 코드가 찍힌 종이를 목에 걸고 구걸한다. 행인은 스마트폰을 꺼내 QR 코드를 스캔해 적선한다. 노점상도 QR 코드를 걸어 놓고 장사한다. 택시를 타고 내릴 때, 상점에서 물건을 살 때도 QR 코드로 결제한다. 상인들은 위조지폐인지 의심하지 않아도 되고, 번거롭게 거스름돈을 준비하지 않아도 되기 때문에 모바일 결제를 선호한다.

물건을 사고파는 행위는 결제로 완결되며, 결제는 신뢰가

분기별 모바일 결제 시장 점유율			

(단위: %)

	2016.2Q	2016.3Q	2016.4Q	2017.1Q
알리페이	55.4	50.4	54.1	53.7
텐페이	32.1	38.1	37.0	39.5
기타	12.5	11.5	8.9	6.8

출처: 이관

핵심이다. 신용카드가 일상화되지 않은 중국에서 온라인으로 물건을 사고팔려면 결제에 대한 신뢰가 필요했다. 이 신뢰를 담보해준 것이 온라인 결제 시스템인 알리페이와 텐페이였다. 신뢰 기반에 공인인증서 등 복잡한 인증 절차 없이 QR 코드만 스캔하면 결제가 되는 편리함이 더해지자 모바일 결제가 중국인의 주요 결제 습관으로 안착했다. 알리페이(54%)와 텐페이(40%)는 온라인 결제 시장을 양분하며 중국인의 생활 방식을 바꿨다.

중국은 이제 현금 없는 사회로 나아간다. 20대 젊은이들은 신용카드를 한 번도 본 적이 없다. 현금을 쓰다가 신용카드를 건너뛰고 QR 코드로 결제하고 있다. 2017년에 5억 2,000만 명이 알리페이로 결제했다.

대출 핀테크

핀테크는 기존 은행이 선호하던 대도시 대출, 대기업 대출, 대규모 사업 대출을 소액 대출로 전환했다. 대출은 신용등급을 기반으로 진행되는데 중국에는 신용등급이 없는 사람이 많다. 주민등록 기반인 한국과 달리 중국은 호적으로 본인을 확인하는데, 호적 관리체계가 지역마다 달라서 본인 확인이 어렵다. 13억 인구를 일일이 확인하기도 어렵고, 신용 관리 시스템도 제대로 갖춰지지 않아 대기업에 다니는 직장인도 신용 대출을 받기가 어려웠다.

핀테크 기업은 디지털 기반으로 신용등급을 책정한다. 사람들의 온라인 라이프를 장악한 인터넷 기업은 한 사람의 신용도를 다방면으로 확인할 수 있다. 같은 재무 상태라도 생활 습관, 심리 상태, 소비 행태, 관계망에 따라 신용등급을 달리 책정할 수 있고, 대출 규모와 금리를 정할 수 있다.

빅데이터 기반의 핀테크 기업은 담보력이 없어도 대출을 진행한다. 텐센트 산하의 개인 소액 신용대출 서비스는 출시 2년 만에 9,800만 명에게 3,600억 위안을 대출했다. 2.4초 만에 심사해서 40초 만에 통장에 돈이 들어오는 무담보 무저당 대출이며, 언제든 상환 가능하다. 알리바바 계열의 소액 대출 핀테크인 쿠디안은 2016년에 2억 1,280만 달러의 매출

중국 핀테크 대출 규모 및 전망						
						(단위: 조 위안)
2016년	2017년	2018년	2019년	2020년	2021년	2022년
0.8	1.3	2.0	3.2	4.5	5.3	6.2

출처: 블룸버그

로 8,500만 달러의 순이익을 달성했다. 최소 100달러 등 소액 대출을 진행하는데 사용자가 많고 연체율이 낮아 수익성이 좋다.

전자상거래 플랫폼인 알리바바와 징둥은 소상공인 대출에 강하다. 기업 대출은 매출, 순익, 외상 매출의 질이 중요한데, 오프라인으로 기업 실사를 진행할 때는 회계 장부를 조작하는 리스크가 있었다. 전자상거래 업체는 소상공인의 재무 상태, 외상 매출금, 고객 건전도, 자본력 등을 실시간으로 정확하게 파악하고 있다. 이처럼 신뢰 있는 정보를 기반으로 직접 대출을 진행하거나 크라우드 펀딩으로 투자자를 모으기 때문에 경쟁력이 있다.

자산관리 핀테크

알리바바가 운영하는 펀드인 위어바오는 누구나 재테크

서비스를 받을 수 있는 세상을 만들고 있다. 수시 입출금 펀드인 위어바오에 하루만 맡겨도 연 5~7%의 수익을 보장한다. 소액 투자자는 매일 1달러 정도의 이익을 얻는데, 중국에서 괜찮은 아침밥을 사 먹을 수 있는 액수라 서민에게 인기가 많다. 1위안만 맡겨도 될 정도로 문턱이 낮아 금융 소외 계층을 줄였다. 중국인에게 뜨거운 사랑을 받으며 급성장한 위어바오 MMF는 2017년 4월에 운용 자산 1,656억 달러로 JP 모건이 운용하는 미국 정부의 MMF 규모인 1,500억 달러를 뛰어넘어 세계 최대 자산 규모 MMF로 자리잡았다.

중국에 중산층이 늘어나면서 자산 운용에 대한 관심이 커짐에 따라 온라인 재테크 시장도 커졌다. 2015년에 2억 4,000만 명 규모이던 온라인 재테크 이용자는 2020년에 6억 명으로 성장할 전망이다. 자산관리 시장이 성장함에 따라 인공지능이 재테크 전략을 세워주는 로보 어드바이저리 시장도 함께 성장할 것으로 예상된다. 인간이 관리할 때보다 더 적

중국 온라인 재테크 이용자					
					(단위: 억 명)
2015년	2016년	2017년	2018년E	2019년E	2020년E
2.41	3.11	3.84	4.56	5.29	6.05

출처: 아이메이베이지싱

은 비용으로 훨씬 더 안전하고 흥미로운 포트폴리오를 구축할 수 있기 때문이다.

2015년부터 핀테크 스타트업을 주축으로 시작된 로보 어드바이저 시장에 은행, 증권, 자산운용사들이 진출해 판을 키우고 있다. 로보 어드바이저 스타트업이자 시장 개척자인 리차이모팡은 1,000만 고객의 자산 5억 위안을 관리하고 있다. 광파증권과 둥우증권은 인공지능으로 투자 주식을 추천하고, 싱예은행과 자오상은행은 고객 리스크 성향에 맞게 인공지능으로 투자 펀드를 추천한다. 알리바바는 칭화대와 손잡고 로보 어드바이저 기술을 개발했다. 자산운용사인 화샤기금은 마이크로소프트와 로보 어드바이저리를 위한 전략적 협약을 맺었다. 안방보험은 디지털 자산배분 솔루션업체인 슈엔지와 함께 로보 어드바이저 플랫폼을 개발했다.

보험 핀테크

중국 보험 핀테크는 중안보험이 이끈다. 마 씨 성을 가진 3명의 중국 대표 기업가가 합작해 삼두 마차가 세운 보험사라 불린다. 중국 최대 보험사인 평안보험의 마밍저, 알리바바의 마윈, 텐센트의 마화텅이 주요 주주로 10억 위안의 자본금을 댔다.

중안보험은 2015년에 혈당을 체크하는 건강보험 상품인 탕샤오베이를 출시해 세계 핀테크 톱 100에서 1위에 올랐다. 오프라인 보험인 평안보험 외에 혈당을 측정하는 의료기기업체, 혈당 빅데이터를 구축하는 빅데이터기업, 빅데이터를 보고 원격으로 진단하고 처방하는 병원이나 자유계약의사 등 4개의 기업군 내지 산업과 연계돼 있다. 다양한 수익모델을 통해 수익을 얻는 만큼, 수익모델의 안정성과 성장성이 높다. 예컨대 스마트폰을 터치할 때마다 혈당수치를 재서 클라우드의 빅데이터 센터로 보내면 의사들이 언제 어디서나 원격으로 진단, 처방해준다. 원격으로 결과를 받은 중안보험은 가입자의 생활습관이 안 좋아 혈당이 오르면 보험료를 올린다. 규칙적인 식사와 운동으로 혈당이 낮아지면 바로 보험료를 낮춰준다. 오프라인 생명보험사 같으면 '3개월 이내의 건강진단서를 가져오시오.'라고 한 뒤에 1년 동안 안 본다. 이런 보험 핀테크는 자체로 좋은 비즈니스모델이기도 하고, 또 최종 소비자에게는 운동하는 좋은 습관을 길러줄 수 있고, 국가 의료보험 예산에서의 도덕적 해이도 줄일 수 있다. 뿐만 아니라 오프라인 보험과 온라인 보험의 일대일 대응의 핀테크가 아니라 다양한 산업과의 연계, 융합이란 관점에서 O2O로의 확산과 나아가 산업경쟁력 제고로 이어지는 장점이 있다.

중안보험은 인터넷 보험사인 만큼 개인 고객의 60%가 20~35세로 젊기 때문에 소비, 금융, 헬스, 자동차, 여행 등 5개 분야 상품 판매에 집중한다. 알리바바가 주도한 2016년 광군제 행사에서 하루 동안 2억 1,000만 건의 보험 상품을 팔았다. 2013년 10월부터 2016년 말까지 보험 상품 72억 건을 판매하고, 가입자 4억 9,200만 명을 확보해 동 기간 보험사 가운데 실적이 가장 좋았다. 보험료 수입은 2014년 7억 9,400만 위안에서 2016년 34억 800만 위안으로 4.3배나 뛰었다.

보험은 금융업 가운데 가장 보수적이지만, 4차 산업혁명 시대를 맞아 변화가 가장 클 것으로 예상된다. 생명보험과 건강보험은 의료 산업, 손해보험은 자동차와 선박 산업 등 산업과 결합해 만들어지는 보험 상품의 특성상 업종 간 경계가 허물어지는 시대에 전후방 효과가 크다.

빅데이터는 실시간 보험요율 책정을 가능케한다. 기존에는 서류상 데이터에 기초해 위험을 계산하고 일정기간 동안 동일 보험율을 적용했다. 이제 스마트폰과 웨어러블 기기 등으로 생활 습관을 실시간 반영해 보험료를 책정할 수 있다. 같은 무사고 운전자라도 운전 습관이 좋으면 보험료를 내리고, 끼어들거나 과속이 잦으면 보험료를 올리는 식이다.

중국이 이긴다

보험사의 미래는 업종 간 융합으로 다양한 보험 상품을 만들고, 빅데이터를 분석해 보험요율을 정확히 책정하고, 인공지능으로 보험 상품을 편리하게 판매하는 역량에 달렸다.

3
신 화폐 전쟁

블록체인과 가상화폐

비대면 거래가 일상화된 디지털 세상에서는 시스템에 대한 신뢰가 매우 중요하다. 개인 정보 유출, 조작, 해킹 등에 안전한 보안 시스템을 믿을 수 있어야 거래가 활성화되기 때문이다. 시스템으로 보안 리스크를 방지하는 블록체인 기술의 등장으로 모든 디지털 거래 방식이 바뀌고 있다. 블록체인은 거래 내역이 담긴 장부를 거래에 참여한 모든 당사자가 나눠가지는 분산 기술로 위변조가 매우 어렵다. 중앙 서버 없이 네트워크에 분산 저장돼 해킹할 구심점이 없고 운영비용도 저렴

세계 가상통화 시가총액 순위 (2018년 1월 5일 기준)	
	(단위: 만 달러)
비트코인	2,621억 7,900
리플	1,229억 9,900
이더리움	1,025억 4,300
비트코인캐시	406억 1,400
에이다	289억 2,000
넴	150억 5,600
트론	150억 3,800
스텔라루멘	133억 8,600
라이트코인	133억 700
아이오타	108억 6,500

출처: 코인마켓캡

하다. 제삼자의 도움 없이 당사자 간 거래가 가능해 제3자 개입에 따른 시간과 비용을 줄일 수 있다. 은행을 통하지 않고 수수료 없이 금융 거래가 가능하고, 공증인 없이도 신용장을 주고받을 수 있다. 이처럼 미래의 거래 구조에 미치는 영향이 상당해 중국은 블록체인을 집중 육성하고 있다. 2008년부터 2017년까지 세계에서 가장 많은 550여 건의 지적재산권을 출원했다. 같은 기간 미국의 출원 수 284건, 한국의 192건보다 월등히 많다.

비트코인을 선두로 블록체인 기술 기반 가상화폐가 줄줄

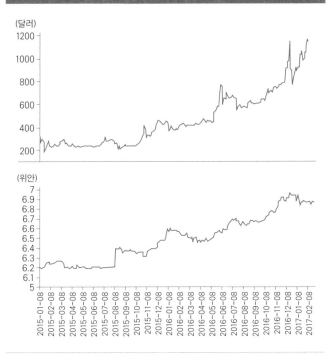

비트코인과 위안화 환율 추이

(달러)

(위안)

출처: 뉴스핌 2017. 10. 18.

이 등장했다. 비트코인의 가치는 300조 원 안팎인데, 중국은 전 세계 비트코인 채굴량의 70%를 차지하는 큰손이다. 규모가 큰 만큼 부작용도 많다. 중국에서 가상화폐가 자본 유출, 돈 세탁, 범죄 자금, 피라미드 사기 등의 문제를 일으키자 중국 정부는 비트코인 거래소를 폐쇄하고, ICO(Initial Coin Offering, 가상화폐공개)를 금지했으며, 채굴을 규제하고 나섰다.

중국이 이긴다

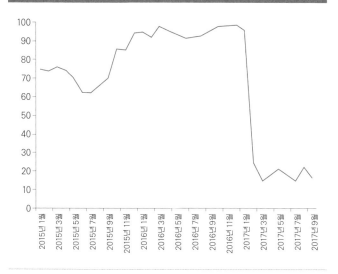

전 세계 비트코인 거래에서 위안화 결제가 차지하는 비중 (%)

출처: 뉴스핌 2017. 10. 18.

가장 큰 문제는 외환 보유고다. 중국 내 비트코인 거래 사이트에서 위안화로 비트코인을 구매하고, 해외 비트코인 거래 사이트로 이전한 뒤 달러로 환전하는 자본 유출이 대규모로 일어남에 따라 위안화 가치가 절하됐다. 비트코인 가격과 달러 대비 위안화 환율이 동조하는 등 외환 유출이 막대해지자 중국 정부는 위안화 가치 추락을 막기 위한 자본 통제 조치를 취했다. 하지만 중국이 세계 최대 비트코인 보유국인 만큼 위안화를 방어할 수 있는 수단이 완비되면 장기적으로 가상화폐 규제는 완화될 것이다.

중국 정부가 민간 가상화폐로 인해 단기적으로 어려움을 겪고 있지만 가상화폐는 거스를 수 없는 흐름이다. 때문에 중국의 중앙은행인 인민은행은 새로운 금융 인프라가 될 법정 가상화폐 발행을 준비 중이다. 법정 가상화폐를 발행하면 경제 거래의 편리함과 투명성이 높아지고 국가 간 협력을 통해 돈 세탁, 탈세 등 불법 행위를 방지할 수 있다. 중앙은행의 통화 공급과 유통에 대한 통제력도 높아진다. 중국 정부는 2014년부터 가상화폐 전문 연구팀을 두고 가상화폐의 핵심 기술, 발행, 유통 환경, 법률 문제, 경제 금융 시스템에 미칠 영향 등을 깊이 있게 연구하고 있으며, 이와 관련된 인민은행의 블록체인 특허 건수만도 60여 개에 달하고 있다.

디지털 화폐 패권

미국 달러를 기축 통화로 하는 1944년 브레튼우즈 체제 이래로 달러는 전 세계인의 경제생활에 깊숙이 들어온 표준 화폐가 됐다. 세계 패권국을 노리는 중국은 위안화를 기축 통화로 삼고 싶어 하지만, 달러를 중심으로 각국의 이해관계가 복잡하게 얽혀 있어 공고한 구조를 깨기가 쉽지 않다.

중국이 이긴다

2016년 해외 여행 지출 규모									
								(단위: 억 달러)	
중국	미국	독일	영국	프랑스	캐나다	한국	이탈리아	호주	홍콩
2,611	1,236	798	636	405	291	266	250	249	242

출처: 유엔 세계관광기구

　　아날로그 화폐 시장에서 중국이 미국을 이기는 것은 불가능에 가깝다. 때문에 중국은 아직 표준이 없는 디지털 화폐 시장에서 패권을 장악하고자 한다. 디지털 라이프스타일이 일상화되면 디지털에서 통용되는 화폐가 주요 통화가 되고, 이에 따라 디지털 화폐를 장악하는 국가가 화폐 패권을 장악할 수 있다. 가상화폐 등 디지털 화폐는 젊은 세대를 중심으로 확산되고 있으며, 시간이 지나면 자연스레 전 세계인의 거래수단이 될 것이라 예상된다.

　　중국의 막대한 구매력은 중국 법정 가상화폐 등 중국 중심 디지털 화폐의 글로벌화에 영향을 미칠 수 있다. 중국의 해외 모바일 결제에 그 단초가 있다. 중국의 양대 모바일 결제 서비스인 알리페이와 위챗페이는 거대 규모의 해외 관광객을 앞세워 세계 시장으로 진출하고 있다. 중국은 2012년 이래로 해외에 관광객을 가장 많이 보내는 나라인데, 2016년에는 1억 2,000만 명이 해외로 나갔다. 2017년에 중국인은 해외에서

3,150억 달러를 썼고, 알리페이를 사용한 관광객은 전 세계 해외 관광객의 11.3%를 차지했다.

전 세계 크고 작은 기업이 중국인들이 해외에서 뿌리는 돈을 차지하기 위해 노력 중이다. 중국 모바일 결제 시스템을 제공하면 매출이 오르기 때문에 13개 국가 13만여 개 상점이 알리페이를 지원한다. 핀란드 항공사인 핀에어는 기내 판매에 알리페이를 도입한 뒤 매출이 2배로 뛰었다. 싱가포르에서는 택시의 80% 이상이 알리페이를 받는다. 한국에서는 공항, 면세점, 백화점, 편의점, 식당 등 4만 5,000여 개 상점에서 알리페이를 쓸 수 있다.

알리바바는 결제 기능을 통해 해외여행 생태계를 구축했다. 해외 여행지별 할인 쿠폰을 제공하고, 현지 식당과 여행 코스를 인공지능이 추천하며 예약도 가능하다. 고객 소비 빅데이터를 분석해 고객이 좋아하는 과일을 현지 호텔이 웰컴 과일로 맞춤 제공할 수도 있다. 안면 인식으로 호텔에 체크인하고 공유 차량도 호출할 수 있다. 나아가 알리바바는 티몰 등 온라인 쇼핑몰에 블록체인을 도입해서 짝퉁 제품을 없애는 것은 물론, 가상화폐 결제의 틀을 마련하고 있으며, 알리페이로 전 세계 스마트 라이프 생태계를 구축한다는 계획이다. 전 세계인이 알리페이를 통해 영화표 구매, 전기료 납부, 병원 예

약, 자산 관리 상품 구매 등을 이용할 수 있도록 플랫폼을 확
장해 나갈 것이다.

6장

중국발 제조 4차 혁명

1
제조 대국에서
제조 강국으로

제조 구조 조정

경제는 내수, 수출, 투자를 통해 융성한다. 2008년 리만 사태 이후 전 세계 경제가 악화되자 중국의 수출 길도 막혔다. 하루 세 끼 먹던 것을 갑자기 여섯 끼 먹을 수는 없으니 내수로 성장을 도모하기가 어려웠다. 공산당이 이끄는 중국은 인민과 한 약속을 철통같이 지킨다. 내수와 수출이 막힌 상황에서 경제 성장 약속을 지키고자 시작한 것이 투자다.

정부가 국영 기업을 중심으로 투자를 퍼붓자 공장 가동률이 높아졌다. 중국 기업은 낮은 인건비와 풍부한 자금으로 엄청난 물량을 저렴한 가격으로 생산해 전 세계에 팔았다. 중국의 철강과 비료 생산량이 전 세계의 70%에 달할 정도였다. 기업은 위기를 모르고 몸집을 불렸다. 생산 설비를 늘리고 고용을 늘려 세계의 공장이 됐다. 세계 경제는 중국의 막대한 원자재 수요와 저렴한 상품 공급에 힘입어 활기를 되찾았다.

글로벌 경제가 안정되자 중국 경제에 위기가 닥쳤다. 생산력에 비해 중국의 소득과 소비 수준은 충분히 성장하지 못했고, 과잉 생산은 재고로 남았다. 인건비는 오르는데 저가 경쟁을 하다 보니 기업 수익성이 약화돼 공장이 줄 도산했다. 시장 원리로 망해야 맞는 기업에 정부가 투자로 인공호흡기를 달아

중국 제조업 설비투자 전년대비 증가율

(단위: %)

2011년	2012년	2013년	2014년	2015년
27.3	20.2	17.4	13.2	8.0

출처: 중국국가통계국

중국 주요 업종 공장 가동률

(단위: %)

	철강	석탄	알루미늄	시멘트	자동차	가전
2005년	90	101	75	77	67	65
2015년	74	85	69	78	93	83

출처: 중국국가통계국

중국이 이긴다

주자 상황은 더 악화됐다.

2015년 철강 산업의 가동률은 74%에 불과했고, 석탄 기업 중 31%가 적자였다. 중국 정부는 철강, 석탄, 알루미늄, 시멘트, 평판 유리 등 공급 과잉이 심한 5개 산업을 구조 조정 대상으로 선정했다. 3년 이상 이익을 내지 못하는 국유 기업을 좀비 기업으로 규정하고 청산을 선언했다. 에너지, 환경, 품질, 안전 등을 일정 기준에 맞추지 못하고 적자 상태에 빠진 공급 과잉 업종 기업은 폐업하거나 분리 매각했다.

중국 '제조 2025'

뒤처진 금융 산업은 이해관계가 복잡하지 않고 수요가 많아 빠르게 혁신할 수 있었다. 반면 세계 최대 규모로 성장한 제조업은 이해관계가 복잡해 구조 조정이 더디게 진행됐다. 중국이 인건비 상승과 성장 한계에 부딪혀 어려움을 겪는 동안 제조 환경은 하루가 다르게 변했다.

4차 산업혁명의 기술은 신흥국 생산과 선진국 소비, 신흥국 제조와 선진국 서비스라는 국가 간 분권 구도를 붕괴시키고 있다. 조선, 반도체 등 제조업은 미국에서 시작해 일본을 지나 한국을 거쳐 중국으로 이전됐다. 기술 선진국은 신흥국이 저가로 추격할 때마다 새로운 기술을 내놓아야 한다. 혁신 기술은 개발에 시간과 비용이 많이 드는데, 신흥국이 쫓아오는 시간은 점점 짧아졌다.

인공지능, 디지털 제조, 공업용 로봇, 3D 프린트 등 생산 최적화 기술이 제조업에 적용되면서 상황이 반전됐다. 다 키워 놓은 산업을 선진국이 신흥국으로 넘겨줄 수밖에 없는 이유는 인건비 때문이었다. 하지만 로봇이 일하는 무인 공장을 만들면 인건비를 대폭 줄일 수 있다. 시간이 지날수록 인건비는 높아지지만 로봇의 생산비는 낮아지기 때문이다. 미국, 독일, 일본 등 기술 선진국은 4차 산업혁명의 기술을 앞세워 제조업 부활에 나섰다. 더 좋은 기술, 더 효율적인 비용 구조를 갖게 된 선진국은 부가가치를 독점했다. 기술은 양극화를 심화 고착화하고, 한 번 개도국은 영원한 개도국으로 전락할 수밖에 없게 됐다.

인건비 경쟁력이 사라지자 중국은 제조 대국에서 제조 강국으로 나아갔다. 2015년 5월 중국은 제조업을 노동 자원 집약의 전통 산업에서 기술 집약의 스마트 산업으로 도약시키겠다는 중장기 하드웨어 업그레이드 전략인 '제조 2025'를 선언했다. 30년간 10년 단위로 3단계에 걸쳐 산업 고도화를 추진하는 전략으로 9대 전략 과제, 10대 핵심 산업 분야, 5대 중

중국 1차 제조 굴기 vs 2차 제조 굴기			
구분	기간	목표 및 성과	추동력
1차 제조 굴기	2001~2015년	제조업 양적 성장 노동 집약 시장 제패	WTO 가입 저렴한 고정 비용
2차 제조 굴기	2016~2025년	선진 수준의 제조 경쟁력 확보 중–고 기술 제고력 제고	제조 2025 인터넷 플러스

출처: 삼성증권

중국 '제조 2025' 3단계 목표		
단계	기간	목표
1단계	2015년~2025년	글로벌 제조강국 대열 진입 – 제조업 스마트화, 노동생산성 제고, 　주요 업종의 에너지 소모율 및 오염 배출량 감축
2단계	2025년~2035년	글로벌 제조강국 평균 수준 도달 – 혁신으로 경쟁 우위 산업에서 　글로벌 시장을 견인하는 경쟁력 확보
3단계	2035년~2045년	글로벌 제조 혁신 선도국 달성 – 주요 산업에서 선진적인 경쟁력 확보

점 프로젝트 계획을 제시했다. 제조업에 인터넷을 융합해 제조업의 스마트화와 업그레이드를 이루는 '인터넷 + 인더스트리'에 중점을 두었다. 클라우드 컴퓨팅, 빅데이터, 사물 인터넷 등 4차 산업혁명 기술은 미래 제조업의 중요한 뼈대가 됐다.

　중국의 제조 2025는 독일 정부가 2013년에 발표한 '인더스트리 4.0' 전략을 벤치마킹했다. 독일이 자동화 3.0에서 디지털

중국 '제조 2025' 9대 과제, 10대 전략 산업, 5대 중점 프로젝트	
9대 과제	– 제조업 혁신력 제고 – 제조업 기초역량 강화 – 제조업 국제화 수준 제고 – IT 기술과 제조업 융합 – 서비스형 제조업 및 생산형 서비스업 육성 – 친환경 제조업 육성 – 품질 향상 및 브랜드 제고 – 구조 조정 확대 – 10대 전략산업 육성
10대 전략 산업	– 차세대 IT 기술: 반도체의 국산화 – 고정밀 수치제어 및 로봇: 고정밀 제품 개발 촉진 – 항공우주장비: 대형 항공기 연구 개발, 탐사 추진 – 해양장비 및 첨단기술 선박: 해양 탐사, LNG선 등 경쟁력 향상 – 선진 궤도교통설비: 고속철도 등 글로벌 수준 철도 시스템 – 에너지 절약 및 신에너지 자동차: 자체 브랜드 제품 기술수준 제고 – 전력설비: 수력, 원자력 발전설비 기술향상 – 농업기계장비: 곡물, 면화 등 전략적 작물 생산용 기계 – 신소재: 특수금속, 고분자재료 등의 산업화 – 바이오의약 및 고성능 의료기기: 바이오 3D 프린트 등 신기술 실현
5대 중점 프로젝트	– 국가 제조업혁신센터 구축 – 스마트 제조업 육성 – 공업 기초역량 강화 – 첨단장비 혁신 – 친환경 제조업 육성

화 4.0으로 진화하는 반면, 중국 제조업은 아직 전기화 2.0과 자동화 3.0 사이에 머물러 있다. 중국은 제조의 자동화와 디지털화를 동시에 달성하는 힘든 숙제를 해야 한다.

시장을 주고 기술을 얻다

중국은 생산량으로는 세계 1위의 제조국이지만, 스마트 산업의 뼈대가 되는 핵심 기술력은 제조 강국과 격차가 크다. 2015년에 중국 국무원은 중국 제조업 기술 수준이 미국, 독일, 일본에 비해 부문별로 5~10년 뒤처진다고 평가했다.

중국은 뒤처진 기술을 따라잡기 위해 시장을 주고 기술을 얻는 전략을 썼다. 기술을 개발하는 데 필요한 100년의 시간을 100배의 시장과 맞바꿨다. 다국적 기업도 중국 시장을 확실하게 장악하기 위해 핵심 기술을 과감하게 이전했다. 특히 중국은 제조업 디지털화의 선두주자인 독일과 긴밀하게 협력하고 있다. 중국 정부와 독일 정부는 인더스트리 4.0 분야 협력에 합의하고, 산업 협력, 표준화 구축, 시범 단지 운영, 인재 양성 등에서 합작 프로젝트를 추진 중이다.

기술 확보를 위해 기업 인수 합병에도 적극적이다. 중국은 인수 합병으로 첨단 기술, 노하우, 브랜드, 해외 영업망을 단숨에 확보해 부족한 역량을 채우고 경쟁자를 추월하면서 과잉 생산을 돌파하고 있다. 2010년대부터 자원 보유국을 대상으로 진행되던 인수 합병이 기술 선진국 대상으로 전환됐다. 2011년에서 2015년 사이에 중동, 아프리카 등 자원이 풍부한 지역의 인수 합병은 1/5로 급감한 반면, 기술이 앞선 북미와

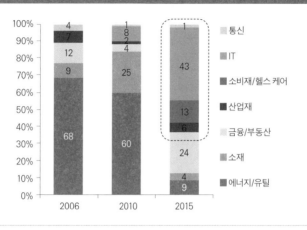

해외 M&A 체결 대상 업종 금액 비중

범례:
- 통신
- IT
- 소비재/헬스 케어
- 산업재
- 금융/부동산
- 소재
- 에너지/유틸

출처: Wind, 하나금융투자

서유럽 지역은 3.5배 늘었다.

중국의 반도체 패키징 전문 기업인 JCET는 2015년에 싱가포르의 스태츠칩팩을 7.8억 달러에 전액 현금으로 인수했다. 차세대 3D 패키징 기술을 보유한 스태츠칩팩은 2,000여 개 특허를 보유하고 있는 반도체 기술의 선두주자이다. JCET가 매출과 자산 규모가 2배나 큰 회사를 인수하기까지는 중국 정부의 치밀한 계획과 적극적인 지원이 있었다. 인수를 통해 JCET는 기술, 생산라인뿐 아니라 미국과 유럽의 주요 하이테크 고객사를 단번에 얻었다. 인수 후 JCET의 세계 시장 점유율은 3.4%에서 9.8%로 급등해 세계 3위 반도체 패키징 회사가 됐다.

중국은 핵심 기술에 돈을 아끼지 않는다. 삼성이 5,000억 원을 쓸 때, 중국은 10조 원을 쓴다. 목표한 분야에서 1등을 차지하기 위해 상상할 수 없는 큰 금액을 쏟고, 핵심 기술을 차지해 빠르게 나아간다. 투자자문사 리디움그룹은 중국의 해외 투자액이 2020년에 18조 달러에 달할 것이라 전망하고 있다.

2
스마트 제조

스마트 공장 운동

인구 감소로 중국의 인건비는 점점 더 높아질 전망이다. 저출산과 고령화로 중국의 경제 활동 인구(15~64세)는 2015년을 정점으로 감소하는 중이다. 2030년이 되면 2015년 말 대비 인구는 10.9% 줄어들 것이다. 중국 정부가 1가구 1자녀 정책을 폐지한 이유는 다가올 노동력 부족에 대응하기 위해서다. 이같은 구조적인 난관을 돌파하고 성장세를 이어가기 위해서는 스마트 공장이 필수적이다.

스마트 공장은 공장의 사물인터넷 센서와 카메라로 현장

데이터를 수집해 인공지능으로 제어하는 시스템이다. 모든 설비와 장치가 무선 통신으로 연결되어 있어 실시간으로 전 공정을 모니터링하고 분석해 생산성을 높이고 돌발 사고를 최소화한다. 어디서 불량이 발생했는지, 어떤 설비에 이상 징후가 있는지를 인공지능이 파악해 전체 공정을 제어한다. 제품 위치, 재고량 등을 자동 감지하여 인적·물적 자원의 낭비를 막고, 소비 시장에 유연하게 대응할 수 있다.

방만한 경영으로 지적받던 중국 철강사들이 가장 빠르게 스마트 공장으로 전환하고 있다. 중국 대표 국영 철강사인 바오스틸과 독일 전기전자 기업 지멘스는 리커창 중국 총리와

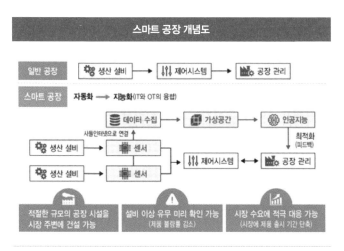

출처: 대한민국 제조혁신 컨퍼런스, 한국 인더스트리 4.0협회 작성, KB경영지주경영연구소("국내, 외 스마트 팩토리 동향 2017. 5. 15."에서 재인용)

앙겔라 메르켈 독일 총리가 지켜보는 가운데 스마트 제조에 관한 전략적 협의를 맺었다. 두 기업은 협력하여 중국 정부의 스마트 제조 시범 사업인 '1580 열연 스마트 공장'을 완성할 것이며, 이후 바오스틸의 모든 공장을 스마트화하고, 중국 전체로 확산할 계획이다.

산업용 로봇의 명암

중국의 공장, 창고, 물류 시설에서 공정 자동화를 위한 산업용 로봇 도입이 가열차게 진행되고 있다. 중국은 2013년부터 세계에서 산업용 로봇을 가장 많이 설치한 나라이다. 2016년 중국의 로봇 출하량은 전년 대비 27% 증가한 9만여 대로 전 세계 로봇의 1/3 규모이다.

글로벌 최대 가전 생산 기업인 메이디는 2011년부터 로봇화를 추진했다. 하루 종일 무거운 가전제품을 들고 다니는 직종은 이직이 잦았다. 높은 임금 상승률도 부담이었지만, 일하려는 사람이 없어 인원 충원을 제때 하지 못해 생산에 차질이 많았다. 따라서 로봇이 할 수 있는 작업이라면 힘든 일은 사람 대신 로봇이 하는 것이 낫다는 판단에서 로봇을 도입했다. 메이디와 거란스는 전자오븐 시장의 90%를 차지하는 양대 사업자인데, 업계 평균 이익률은 제로에 가까웠다. 그러나 로봇 도입 이후 업계 평균 이익률은 6%대로 높아졌다. 생산성 제고 효과가 뚜렷하게 보이자 9억 위안을 투자해 2011년부터 2015년까지 1,400대의 로봇을 구입했다. 2015년에 생산직 3만 명 가운데 6,000명을 퇴사시켰고, 2018년까지 4,000명을 더 줄일 계획이다. 또한 로봇 시장의 전망이 밝을 것으로 예상하고 독일 최대 산업용 로봇 제조 기업이자 세계 4대 로봇 기업인 쿠카를 인수했다.

로봇의 생산성 향상과 수출 경쟁력 증대 효과는 분명하지만, 소득의 양극화도 심화될 것이다. 경제가 성장하면서 중국 노동자의 임금은 빠르게 올랐다. 반면 로봇은 자본가에게는 막대한 이익을 안겨주지만, 중숙련 노동자의 수요를 줄여 불평등을 키울 우려가 있다. 가계 소득 감소는 중국 정부가 소비 주도 경제로 전환하는 데에도 악영향을 줄 수 있다.

AGE OF CHINA

7장

중국이 미국을 뛰어 넘으려면

1
4차 산업 하기 좋은 중국

신경제 오리엔트

한 나라의 경쟁력은 잠재력이 큰 산업에서 리딩 기업이 가지는 글로벌 경쟁력으로 결정된다. 중국이 중진국의 함정에 빠질지, 이를 극복하고 선진국의 대열에 들어설지에 대한 논의가 많다.

미래는 디지털 중심 경제이고, 디지털 경제를 장악하는 곳이 미래 경쟁력을 갖는다. 2008년과 2018년 글로벌 시가총액 상위 10개 기업을 비교했을 때, 2008년에는 IT 기업이 한 개에 불과했지만, 2018년에는 70%가 IT 기업이었다. 헤게모니가

시가총액 상위 10개 기업				
순위	2008년		2018년	
	기업	업종	기업	업종
1	페트로차이나	석유, 가스	애플	IT
2	엑슨모빌	석유, 가스	알파벳	IT
3	GE	복합 기업	아마존	IT
4	중국이동통신	통신	마이크로소프트	IT
5	마이크로소프트	IT	텐센트	IT
6	중국공상은행	금융	페이스북	IT
7	페트로브라스	석유, 가스	버크셔해서웨이	금융
8	로열 더치 셸	석유, 가스	알리바바	IT
9	AT&T	통신	JP모건	금융
10	P&G	생활용품	존슨앤드존슨	헬스케어

출처: S&P Capital IQ(조선비즈 2018. 4. 11.에서 재인용)

디지털로 이동하기 시작한 지는 꽤 되었고, 그 변화 속도는 가속화될 것이다.

중국은 거대 시장, 유연한 정책, 혁신 기업이 맞아떨어져 4차 산업혁명이라는 호랑이 등에 올라탔다. 신산업의 성장 속도, 투자 규모, 기술 특허 증가세도 매우 빠르다. 독일, 영국, 일본을 따돌리고 미국 다음인 2위 자리에 올랐다. 지금의 성장 속도라면 디지털 산업에서 중국이 미국을 따라잡는 것은 시간문제다.

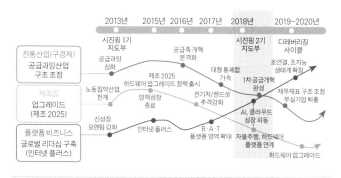

중국 산업 재편 키워드

| | 2013년 | 2015년 | 2016년 | 2017년 | 2018년 | 2019~2020년 |

출처 : 삼성증권

2017년에 아날로그와 디지털 시장 규모가 8:2 정도라면, 10년 후에는 그 구조가 2:8로 역전될 것이다. 앞으로는 디지털 시장을 장악하는 국가가 전 세계의 패권 국가가 된다. 중국이 디지털 산업에서 미국을 뛰어넘어 1위가 된다면, 중국은 미국을 뛰어넘어 세계 패권을 잡을 수도 있다. 지금까지 중국산은 값싸고 질 낮은 물건을 의미했지만, 앞으로 중국산은 혁신 기술 제품을 의미할 것이다.

구경제 소프트랜딩

신경제가 치고 나가는 사이 구경제는 구조 조정 중이다. 중

국 경제의 잠재 부실, 중진국의 함정 등은 모두 구경제와 관련
돼 있다. 구경제의 위기는 조선, 화학, 철강, 석탄, 시멘트 등 산
업의 과잉 설비, 과잉 생산, 비효율에서 기인한다.

　중국뿐 아니라 전 세계가 제조업의 부실로 고통을 겪고 있
다. 중국이 과잉 생산해 저렴한 가격으로 전 세계 시장에 제
품을 공급하자, 전 세계 공장이 극심한 가격 경쟁으로 어려움
을 겪었다. G20는 제조 산업의 건전도를 높이기 위해 중국에
과잉 생산 분야 공장을 줄일 것을 요구했다.

2015년 이후 중앙 국유기업 합병 사례				
업종	합병 전	합병 후	대주주	합병 시점
전력투자	중국전력투자/국개핵발전공사	국가전력공사	국무원	2015.05
석유화학	남광그룹/주해진용	중국남광그룹	국자위	2015.12
철강	중국오광/중야그룹	중국오광그룹	국자위	2015.12
해운	중국원양/중국해운	중국원양해운그룹	국자위	2015.12
해운/투자	중외운장항/초상국	초상국그룹	국자위	2015.12
철강	바오산철강/우한철강	보무강철	국자위	2016.06
소비재	국여그룹/항중여그룹	항중여그룹	국자위	2016.07
부동산	중량그룹/중방그룹	중량그룹	국자위	2016.07
시멘트	중국건재/중국중재	중국건재	국자위	2016.08
전력	중전그룹/신화에너지	국가에너지투자그룹	국자위	2017.11

출처: 삼성증권

　　　　　　　　　　　　　　　　　　　　　中국이 이긴다

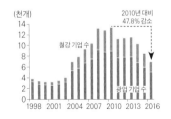

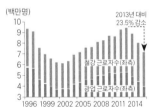

출처 : 중국 국가통계국

시간은 걸리겠지만 중국은 구경제 구조 조정을 완수해 소프트랜딩에 성공할 것이다. 사회주의 경제 체제인 중국은 시장 경제와 달리 중앙 집권형 통제가 가능하다. 정부가 가격을 조정할 수 있고, 과잉 생산 부문은 기업 간 통합도 가능하다. 중국은 대형 국유 기업을 인수 합병으로 통합해 과잉 생산을 줄이고 시장 지배력을 높이고 있다. 2010년과 대비하면 2017년 석탄 광업 기업 수는 43.9%, 철강 기업 수는 55.9% 줄었다.

지금 구경제는 구조개혁 대상이지만 중국은 제조 대국이라 불릴 만큼 저력이 크다. 고생을 해서 구조 조정에 성공하면 구경제의 엄청난 성장 잠재력은 신경제를 떠받치는 든든한 기둥이 될 수 있다.

2
팍스 차이나

차이나 드림

　중국이 미국을 뛰어넘으려면 단순히 경제력이 큰 것만으로는 부족하다. 미국이 가진 언어(영어), 통화(달러), 문화(미국 대중문화) 등의 패권 요소를 중국이 가질 수 있어야 한다. 전 세계인과 이해관계를 함께한다는 인식 기반도 중요하다.

　종교 탄압과 가난을 면하기 위해 배를 타고 건너온 사람들로 시작된 이민자의 나라 미국은 DNA에 포용력과 유연성이 담겨 있다. 전 세계 어디 출신이건 미국으로 건너가 새로운 삶을 시작할 수 있고, 어디에서 무슨 이유로 미국으로 건너왔건

자수성가하면 존중하는 사회다. 성숙한 민주주의 국가로 법과 시스템으로 운영된다. 미국에 가면 나도 성공할 수 있다는 희망인 아메리칸 드림이 세계인의 마음속에 자리잡고 있다. 아메리칸 드림은 인재를 유입할 뿐 아니라, 미국을 적대국이 아닌 호혜국으로, 경쟁국이 아닌 상호 이익국으로 인식하게 만든다.

미국은 노동 시장이 유연하다. 노사 관계에서 고용과 해고가 자유로워 시장이 효율적이고 강력하게 작동한다. 가장 비가격적인 요소인 노동이 유연하니 산업 역시 유연하다. 유연한 노동시장 이면에는 유연한 이민정책이 있다. 고용과 해고가 쉬워 이민자들이 직장을 가지기가 쉽다. 노동력 부족으로 임금이 올라가면 블루칼라 이민자가 유입돼 임금을 낮추고, 생산성이 떨어지면 연구자와 기업가 등 화이트칼라 이민자가 유입돼 생산력을 높이니 산업이 녹슬 틈 없이 융성한다.

트럼프 정부 들어 미국 우선주의가 등장하면서 아메리칸 드림이 사라지고 있다. 이민자를 배격해 백인 노동자 계급에게는 박수를 받지만, 노동 시장이 경직되고 미국의 글로벌 리더십은 위협받고 있다. 세계인의 마음속에 미국은 나와 같은 편이라는 인식도 옅어졌다.

차이나 드림은 가능할까? 쉽지 않다. 세계인의 마음속에는 중국에 가면 나도 성공할 수 있다는 열망도 중국에서 성공하고 싶은 열정도 없다. 중국이 부르짖는 중국몽은 중국인의 꿈이지 세계인의 꿈이 아니다. 중국에서 자수성가하려면 공산당과 연결된 인맥이 필수적이라 능력만으로 성공하기 힘들다. 시장화의 꽃은 노동 시장인데, 사회주의 체제인 중국은 해고가 쉽지 않아 노동 시장이 경직돼 있다. 공산당 마음대로 개인 재산 몰수도 가능하다. 폐쇄적인 사회주의 국가라는 이미지가 강해 시스템에 대한 존중도 없다.

텐센트의 PC용 메신저 프로그램 QQ가 운영하는 채팅봇은 "너의 중국몽(중국의 꿈)은 무엇이냐?"는 질문에 "내 중국몽은 미국 이민이야. 진짜로"라고 답했다. 빅데이터를 바탕으로 대화하는 인공지능의 답에는 중국인의 보편적인 인식이 담겨 있다. 중국 엘리트는 중국보다는 해외 자산에 투자하고 자녀를 외국에서 교육시킨다. 중국 대학생들은 인권, 언론의 자유, 삼권 분립의 중요성 등에 대해 토론하지 못한다. 시민 사회에 대한 감시와 검열도 심하다. 세계 최대 CO_2 배출국가로 환경 오염도 극심하다.

차이나 드림이 있을 때에만 팍스 차이나가 가능하다. 중국은 전 세계 인재를 끌어당기는 글로벌 인재 특구를 열어 차이나 드림의 씨앗을 뿌려야 한다. 누구나 성공 가능한 전 세계 인재 집합소를 선전 같은 경제 특구에 만드는 것이 중요하다. 당장은 성공하기 어렵겠지만, 비전을 가지고 단계적이고 지속적인 노력을 해 나간다면 언젠가 차이나 드림은 가능할 것이다.

세계 문제 해결사

세계인이 중국을 리더로 받아들이려면 중국은 세계 문제에 대한 리더십을 가져야 한다. 인류애로 세계 문제에 대한 혁신적인 대안을 제시해야 사람들 마음속에 중국이 리더가 되어야 한다는 인식이 자리잡는다. 4차 산업혁명 기술로 리더역할을 하는 기업이 알리바바이다. 알리바바는 인류의 가장 대단한 발명인 도시를 더 살기 좋은 곳으로 만들기 위해, 교통체증 등 도시 문제 해결을 위한 미래 도시 인프라를 항저우에 구축하고 있다.

알리바바의 장기적인 목표는 세계 5대 기업이 되어, 세계에 1억 개의 일자리를 만들고, 20억 명의 고객에게 서비스하고, 1,000만 개 기업에 수익을 제공하는 플랫폼을 만드는 것이다. 세계 5대 기업으로 성장하려면 인류가 당면한 거대한 문제를 해결해야 한다.

알리바바는 2017년에 과학 기술로 세계 난제를 혁신적으로 해결하는 연구소 다모위앤을 설립했다. 다모위앤은 중국, 미국, 러시아, 이스라엘, 싱가포르 등 5개국 7개 도시에 연구소를 두고 인류 문제 해결에 공헌할 기술을 개발한다. 양자 계산, 로봇 러닝, 데이터 인텔리전스, 사이버 보안, 자연 언어 처리, 반도체 기술, 핀테크 등 4차 산업혁명 기술을 연구한다. 3년간 17조 원을 투입해 세계적인 과학자와 기술자 100여 명을 유치했다. 장젠펑 알리바바 최고 기술담당임원이 초대 원장을 맡고, 인공지능 분야 리더인 버클리대 마이클 조던 교수, 게놈 프로젝트 리더인 하버드대 조지 처치 교수 등 10여 명의 과학자가 자문위원회에 참여한다. 전 세계 대학 및 연구소와 공동 연구하고, 전 세계 기술자들에게 연구 프로젝트를 개방하는 알리바바 혁신 연구도 진행한다.

기술 개방에도 앞장서고 있다. 알리바바의 금융 계열사 앤트파이낸셜은 생체 인식 플랫폼 조로즈(ZOLOZ)를 개방했다. 조로즈는 알리페이 사용자들에게 적용된 지문 인식, 얼굴 인식 기술로 누적 사용자가 2억 명, 인증 횟수는 20억 회에 달한다. 얼굴 인식의 오차율은 100만 분의 1로 애플 수준이다.

생체 인식의 확장성은 무궁무진하다. 국민연금 수령자 신분 확인, 택배 수령자 신분 확인, 호텔 체크인 시 예약자 확인 등에 활용된다. 항저우에 있는 KFC 매장은 조로즈를 적용해 얼굴 인식으로 결제하는 서비스를 선보였다. 3차원 적외선 카메라가 설치된 무인 메뉴 주문기에서 얼굴 인식을 하고, 알리페이에 등록된 휴대폰 번호를 입력하면 결제가 완료된다.

AGE OF CHINA

8장

한국에 미칠 영향과 대응

미중 무역 전쟁, 중국의 매파와 비둘기파

미국 중간선거가 끝났으니 미중 무역 전쟁이 다소 수그러 들 것이라는 의견이 있다. 하지만 미중 무역 전쟁의 본질은 무역 적자 문제가 아니라 양국의 경제 패권 다툼이고, 중국에 대한 미국 정계의 시선도 전과 달리 여야 모두 곱지 않기 때문에 오히려 더 시끄러워질 수 있을 것이라는 전망도 나온다. 최근 1~2년 사이 미국 내 여론이 중국은 자유무역 체제에 적합하지 않다는 '중국 이질론'에서 이대로 됐다가는 중국이 미국에 큰 위협이 될 것이라는 '중국 위협론'으로 빠르게 바뀌었기 때문이다. 그렇다면 이러한 미국의 빠른 인식 변화에 대해 중국에서는 어떤 의견들이 나오고 있을까? 중국은 사회주의 체제로 언론을 통제하는 경향이 있어 의견 파악이 쉽지 않다. 하지만 지금껏 나온 얘기를 종합해보면 상반된 양론, 즉 매파(주전파)와 비둘기파(주화파)로 의견이 갈리는 양상이다.

먼저 매파는 중국 경제의 잠재능력을 높이 평가해 미국과의 무역 전쟁에서 승리할 것이라 확신하는 그룹으로 인민대학 국제관계학원 부원장이면서 정치국원이기도 한 진찬룽이 그 대표인물이다. 그는 지금은 대중 수입(실탄)이 많은 미국이 유리해 보이지만 시간이 지날수록 미국이 무역 전쟁에서 버거워할 것이라고 주장한다. 진찬룽은 미국이 갖고 있지 않은 다음과 같은 확실한 강점을 중국이 지니고 있다고 말한다. 첫째, 중국 공산당의 높은 지도력이다. 중국 공산당은 미국의 정당 정치와 달라서 정권이 바뀐다는 개념이 없다. 따라서 사람이 달라질 뿐 정권에 따라 정책이 180도 바뀐다든지 하지 않기 때문에 정책의 일관성 면에서 미국보다 훨씬 유리하다. 특히 패권 경쟁처럼 장기전일수록 더욱 그렇다고 한다. 둘째, 중국인의 강한 애국심이다. 중국 역사에서 보면 특히 중국이 융성할 때 중국인들의 단결과 애국심도 강했다고 한다. 셋째, 미국보다 수출 비중이 높은 게 약점이긴 하지만, 중국은 대부분의 제품을 자력으로 생산할 수 있는 풀세트형 산업 구조를 갖추고 있다. 이는 무역 분쟁이 본격화할 때 자력 생산이 취약한 미국에 비하면 확실한 강점이라 할 수 있다. 넷째, 폭발적인 잠재력을 지닌 내수 시장이 있다는 점이다. 중국은 땅덩어리(960만 km^2)도 인구(14억 명)도 엄청나다. 미국이 과거에 패권 경쟁국으로 보고 압력을 가해 떨쳐냈던 독일이나 일본과는 다른 상대다. 또한 중국의 GDP도 구매력 평가로만 보면 이미 2014년에 미국을 추월해서 지금은 미국의 120%에 달한다. 마지막으로, 미국은 선거를 치르기 때문에 핵심 표밭에 관세 같은 무역 폭탄을 터뜨리면 장기전이 될수록 중국이 유리하다고 주장한다.

반면 비둘기파는 현재 중국의 실력으로는 무역 전쟁에서 미국을 이길 수 없다고 보고, 미국의 요구를 부분적으로 받아들여 개혁·개방을 가속화해야 한다고 주장한다. 이 그룹의 대표 주자는 상하이재경대학의 위즈 교수다. 이들은 무역 전쟁이 중국 경제에 주는 충격은 미국보다 훨씬 크다고 주장한다. 왜냐하면 중국의 대미 수출 의존도가 미국의 대중 수출 의존도보다 거의 4배나 높기 때문이다. 뿐만 아니라 미국은 많은 중국 제품을 대상으로 관세율을 올려 세금을 확보한 다음 그 돈으로 손해를 본 미국 기업을 도울 수 있다. 또 많은 중국 기업의 영업이익률이 미국 기업보다 낮아 무역 전쟁의 충격을 감내할 힘이 적은 것도 현재 중국의 약점이라고 얘기한다. 따라서 이들은 정치적 구호로만 결전을 부르짖을 게 아니라 냉정하고 객관적인 시각에서 상호 접근할 수 있는 부분을 찾아야 한다고 말한다. 예컨대 태양광·전기차·로봇 산업 등에 주어지는 보조금 등은 중국의 핵심이익이라 할 수 없는 하나의 구체적인 수단에 불과하다고 보고, 오히려 보조금으로 인해 기업과 업계의 생산성 하락, 과잉생산, 덤핑 등이 초래되었다며 보조금을 없앰으로써 차제에 경쟁력을 제고할 수 있다는 게 이들의 주장이다. 아무튼 미국이 중국을 패권 경쟁국으로 인식한 이상 온갖 수단을 동원해 압력을 가할 것임은 명확하다. 따라서 우리나라를 포함해, 전 세계에 어떤 영향이 얼마나 강도 높게 작용할지는 중국의 대응 방법과 대응 정도에 달린 셈이다. 시진핑의 '중국몽'과 트럼프의 '미국 제일주의'가 계속 '강 대 강'으로 부딪칠지, 아니면 중국이 덩샤오핑의 '남순강화'에 이어 '제2의 개혁·개방'으로 나아갈지 아직은 불분명하다.

다만, 무역 전쟁의 근본 원인이 미중 간의 기술 패권 다툼이기 때문에 일시적으로 타협하더라도 앞으로 계속되는 지리한 싸움이 될 것이라는 게 대체적인 시각이다. 한마디로 미국은 '제조 2025'로 기술 패권을 넘보는 중국을 결코 좌시하지 않겠다는 입장이고, 중국도 기술 우위 없이는 국가 목표인 G1도 없다는 생각이어서 기본적으로 타협이 쉽지 않다. 트럼프 대통령의 승부사 기질과 2기 정부를 시작하면서 '시황제'로 격이 높아진 시진핑 주석의 위상 또한 서로의 양보를 어렵게 하고 있다. 따라서 우리나라로서는 단기는 물론, 다양한 중장기 시나리오도 준비해서 대응해야 한다.

한국을 얕보는 중국 기술

한류에는 중국이 한국을 존중하게 만드는 힘이 있다. 한류에는 K-POP 같은 대중문화만 있는 것이 아니다. 중국보다 앞선 기술 역시 한류의 중요한 부분이다. 하지만 중국이 무서운 속도로 시장을 키우면서 산업 간 기술 격차가 줄었다. 중국은 이제 반도체 등 2~3개 영역 외에는 중국 기술이 더 앞선다고 평가하며 한국을 대수롭지 않게 여긴다.

중국은 한국, 대만, 일본 등에서 중간재를 구입한 후 가공해서 전 세계에 팔았다. 중국 수출이 늘면 한국 수출도 자연스레 느는 동반 성장 관계였다. 중국이 기술을 개발해 직접 부품과 중간재를 생산하기 시작하면서 한국의 수출 길이 막혔

4차 산업혁명 관련 국가별 논문 (2012~2016년 5년 합계)

순위	국가	논문 수(편)	비율(%)
1	미국	27만 8,946	26.3
2	중국	19만 3,618	18.3
3	영국	7만 8,103	7.4
4	독일	7만 7,306	7.3
5	인도	5만 5,278	5.2
6	프랑스	4만 9,758	4.7
7	이탈리아	4만 7,493	4.5
8	캐나다	4만 4,791	4.2
9	일본	4만 3,167	4.1
10	호주	3만 8,503	3.6
11	스페인	3만 5,300	3.3
12	한국	2만 9,307	2.8

* 여러 나라 연구진의 공동 연구 논문은 각 국가에 중복 계산됨
출처: 한국 연구 재단

4차 산업혁명 분야별 논문 많이 낸 국가

	빅데이터	인공지능	클라우드 컴퓨팅	사물 인터넷	3D 프린팅
1위	미국	미국	미국	중국	미국
2위	중국	중국	중국	미국	중국
3위	영국	영국	독일	인도	독일
4위	독일	독일	영국	독일	영국
5위	프랑스	인도	인도	한국	일본
	14위 한국	13위 한국	12위 한국		8위 한국

출처: 한국 연구 재단

중국이 이긴다

다. 중국에 중간재를 더 이상 팔 수 없게 되면 완제품을 팔아야 하는데 화장품, 식품 등 몇 가지 소비재 외에는 팔 만한 제품이 없다.

한국은 4차 산업혁명 기술에서 중국에 밀리고 있다. 우리나라의 인공지능, 클라우드, 위성 등 기술력은 미국의 74~76%에 불과하고, 중국에도 뒤처진다. 한국의 IT 강국 이미지는 반도체 등 일부 분야에 대한 과감한 투자로 이룬 성과지만, 4차 산업혁명과 관련해서는 내세울 만한 기술이 없다.

중국의 사드 경제 보복으로 한국 경제는 막대한 손실을 입었다. 한국 제품으로 대체 불가능했다면, 중국이 한국 제품 없이는 공장을 돌리지 못했다면, 중국은 경제 제재를 강하게 하지 못했을 것이다. 중국 기술이 진보해 한국 도움 없이도 자생 가능하기 때문에 경제 제재라는 패를 들 수 있었다. 사드라는 정치 군사적 문제 이면에는 경제 기술의 구도 변화가 있다. 우리 기술과 산업이 중국보다 우위에 설 때 정치권력에도 힘이 실린다.

열악한 창업 생태계

미국과 중국에서 혁신을 만들고 새로운 시장을 개척하는

기업은 모두 창업 10년 이내의 신생 기업이다. 2017년에 미국 라스베이거스에서 열린 세계 최대 정보통신기술 전시회 CES에서 4,000여 개 참여 기업 중 20~30%가 창업 5년 이내 기업이었다. 저성장 시대를 돌파하기 위해 전 세계가 스타트업을 육성하는데, 한국의 스타트업 역량은 제자리걸음이다.

한국인의 창업 의지는 중국인의 1/6에 불과하다. 한국은 한 번 사업에 실패하면 재기하기 힘들기 때문에 청년들이 창업을 기피하고 안정적인 공무원이 되기를 원한다. 반면 중국은 창업에 자부심을 느끼고 실패 경험을 귀중한 자산으로 여기는 문화가 정착했다. 2012년 인구 1만 명당 신설 기업 수는 중국과 한국이 각각 14개와 15개로 비슷했지만, 2017년에는 32개와 15개로 2배 이상 차이가 벌어졌다. 중국은 신설 기업이 고용 시장에서 큰 역할을 하는데, 신설 기업당 고용자 수가 6.3명(2016년 기준)으로 한국의 1.5명(2015년 기준)보다 많다.

실리콘밸리, 베이징 등 창업 생태계에 생동감이 넘치는 곳은 아이디어만 좋으면 같이 일할 인재, 돈을 투자하는 벤처캐피털, 함께 사업을 키울 제휴사를 쉽게 찾을 수 있다. 철저하게 자본주의 논리로 시장을 읽고 혁신을 만들어낸다. 대기업을 위협하는 스타트업이 등장하면 대기업은 스타트업에 적극적으로 투자하고 인수 합병한다. 구글, 텐센트, 알리바바 등

한중 대학(원)생 창업 장애 요인			
			(단위: %)
한국		중국	
요인	비율	요인	비율
실패 부담	38.0	창업 아이템	46.2
자금확보	22.3	과정 복잡	18.9
창업 아이템	17.9	실패 부담	17.8

출처: 국제무역연구원

인구 1만 명당 신설 기업수			
			(단위: 개)
2012년		2017년 1~9월	
한국	중국	한국	중국
14	15	15	32

출처: 중국공상총국, 중소기업청, World Bank

IT 기업은 스스로의 혁신도 담대하고 빠르지만, 성장동력이 될 서비스가 있는 스타트업을 활발히 인수해 생태계에 생명력을 불어넣는다. 반면 규제가 많은 한국에서는 혁신적인 스타트업이 시작되기 어렵고, 경쟁이 치열하지 않아 경쟁력도 약하다.

창업을 활성화하고 성공 확률을 높이려면

혁신 창업 기업을 양성하려면 시장을 키우는 것이 가장 먼저 해야 할 일이다. 시장이 충분히 크지 않으면 기술 개발과 기업가 정신이 작동하지 않는다. 시장 없이 보조금으로 기술 개발을 유도하면 보조금 크기만큼의 기술 개발에 머문다. 약진할 시장이 있으면 기술 개발과 고용은 저절로 일어난다.

한국은 내수 시장이 작기 때문에 글로벌 시장으로 나갈 수 있는 환경이 중요하다. 한국 스타트업은 중국을 내 집 앞마당처럼 생각해야 한다. 한국에서 매출 10억 원 규모의 비즈니스 모델도 중국에서는 100~200억 원 규모로 평가될 수 있다. 중국에서 통하는 수익 모델이라면 중국 시장 기준으로 가치를 평가해야 한다.

역대 정부와 현 정부는 인큐베이팅, 액셀러레이터, 벤처캐피털 등 단계별 투자 펀드와 재창업을 지원하는 패자부활전 등 그야말로 다양한 벤처 창업 활성화 정책을 펴고 있다. 하지만 우리나라의 창업자 수는 여전히 중국의 150분의 1에 불과하다. 우리나라의 GDP 경제 규모가 중국의 약 10분의 1에 불과한 것을 감안하더라도 상대적 창업 비율이 너무 낮다. 이는 다음과 같은 몇 가지 이유가 있는데, 이를 해소하면 벤처 창업 활성화에 도움이 될 것이다. 첫째, 규제 일변도의 정책이라는 약점이다. 벤처 창업을 돕는다고 말로만 부르짖을 것이 아니라 정책 집행에 있어서도 확실한 자세 전환이 필요하다. 벤처는 신산업이다. 신산업은 말 그대로 새롭기 때문에 기존 산업 기준에 초점을 맞춘 규제와 인프라, 시장 관행 하에서는 성장하기가 어렵다. 벤처 산업에 잠재력이 있다고 생각한다면, 자생할 수 있도록 일정 기간 선 허용 후 보완(또는 규제)하는 정책적인 마인드 전환이 절실하다. 특히 4차 산업혁명이라는 혁명적인 변화가 일어나는 환경 하에서는 일정 범위(또는 규제 샌드박스) 내에서 빠르게 성장할 수 있도록 돕거나 아니면 적어도 자율적으로 성장하도록 놔둘 필요가 있다.

둘째, 창업비용이 너무 높다. 벤처 창업을 준비하는 기업가에게는 초기비용 마련이 절실한 핵심 과제이다. 기술력이 아무리 좋고 기업가 정신이 넘치는 사람이라도 사업 초기비용이 많이 필요하거나 창업자금 자체가 부족하다면 선뜻 창업에 나서기가 어렵다. 특히 똑똑한 기술자와 젊은이들은 안정적인 대기업을 놔두고, 굳이 죽음의 계곡(Death Valley)이라 불리는 창업 전선에 뛰어들 리 없다. 따라서 새로운 창업 정책과 벤처 붐업 정책을 아무리 많이 내놓더라도 '똑똑한 창업'에 뛰어드는 인재가 많아지기는커녕 지금처럼 '생계형 창업'만 많아질 뿐이다. 최근 벤처 생태계에 정통한 이들은 중국의 선전에 주목하고 있다. 선전의 전자상가 허창베이는 이미 중국뿐만 아니라 세계 최고의 하드웨어 메카로 도약했다. 우리도 벤처를 무작정 건물에 입주시키려고만 들 것이 아니라 상생 가능한 벤처들을 모은 벤처 클러스터를 만들어 창업 초기비용을 파격적으로 낮춰주려는 노력이 필요하다. 제품을 만들기 위한 부품뿐만 아니라 기술과 아이디어를 구하는 비용도 대폭 떨어뜨릴 수 있는 방법을 제공해줘야 한다. 셋째, 시장을 키우려는 노력이 부족하다. 많은 사람들이 '시장을 개척하고 매출을 올리는 것은 철저하게 기업 몫이지 정부가 정책적으로 할 수 있는 일은 아니다'라고 말한다. 하지만 이는 아날로그 시대의 사고이다. 지금처럼 디지털 플랫폼(디지털 시장)을 통해 전 세계에 물건을 사고파는 수출입(직구와 역직구)이 늘어나는 시대에는 정부 정책의 역할이 대단히 중요하다. 중국의 11월 11일 광군제를 보라. 알리바바, 징둥 등 중국의 전자상거래 업체들은 불과 하루 만에 2016년 29조 원, 2017년 40조 원이라는 어마어마한 매출을 올렸다. 중국이 디지털 시장을 키우고 국가적으로 디지털 G1을 분명한 목표로 세우면서 달성한 놀라운 성과다. 우리나라의 경우 그나마 있던 G마켓조차 이베이에 팔려서 해외에 내세울 만한 변변한 전자상거래 업체 하나 없는 실정이다. 디지털 경제의 비중이 현재의 아날로그 경제를 넘어서게 될 날도 그리 멀지 않았다. 그렇다면 우리는 앞으로 어떻게 해야 할까? 디지털 플랫폼은 다가올 미래의 가장 강력한 인프라이자, 정부가 최우선 정책 목표로 삼아야 할 중요한 인프라이다. 글로벌 경쟁력이 있는 디지털 플랫폼을 육성한다면 브랜드 지명도가 약하고 수출 유통 네트워크가 부족한 중소 벤처기업들을 도울 수 있다. 이제는 물건만 잘 만들면 중소 벤처기업들도 아시아, 유럽, 남미, 아프리카 어디에서든 매출을 올릴 수 있다. 디지털시대 기업은 플랫폼을 잘 타면 10년 걸려 벌 것을 1~2년 내에도 벌 수 있다. 제품과 서비스가 좋으면 순식간에 주문이 폭발한다. 세계무역기구(WTO)를 넘어 세계전자무역플랫폼(e-WTP) 논의가 활발해질 전망이다. 직구, 역직구시장은 앞으로 굉장히 커질 것이다. 벤처 창업만 늘리고 수출을 안 하면 국내에서 밥그릇 싸움만 커질 뿐이다. 바깥으로 나가야 한다. 좋은 제품, 좋은 서비스를 만들고 글로벌 브랜드가 있는 디지털플랫폼을 육성해서 벤처, 중소기업을 위한 디지털 수출유통망을 만들어야 한다. 그래야 시공간 제약이 없는 디지털로 갈 수 있다.

전 세계에 우리 물건을 팔 수 있다는 기대감이 생긴다면 정부의 육성 정책에 민간의 '똑똑한 창업'이 더해져 시너지가 폭발하는 효과를 낼 수 있을 것이다.

중국 자본 유치도 시장 공략에 도움

중국 자본을 유치하면 중국 시장을 공략하는 데도 도움이 된다. 중국의 한국 기업 투자 금액은 2013년 4억 8,100만 달러에서 2015년 19억 7,800만 달러로 2년 사이 4배로 급증했다. 한국 스타트업에 대한 중국 벤처캐피털의 관심은 화장품, 엔터테인먼트에서 기술 기업으로 확장 중이다. 20조 원 규모의 투자금을 보유한 힐하우스캐피털은 배달 앱 '배달의민족'을 운영하는 우아한 형제들에 570억 원을 투자했다. 중국 자본은 이밖에도 유아용품 쇼핑몰을 운영하는 테바글로벌, 전자지갑을 서비스하는 얍, 차세대 건전지를 개발한 엔블록셀, 뇌파 측정장비를 개발한 소소, 스마트 화분을 개발한 엔씽, 동작 인식 기술을 보유한 브이터치, 한국 화장품을 중국에 판매하는 비투링크, 교육 콘텐츠 업체 스마트스터디, 컴퓨터 그래픽 영상 특수효과 업체 덱스터에 투자했다. 텐센트는 한국 넷마블게임즈 지분 25%, 네시삼십삼분 지분 24%, 파티게임즈 지분 14% 등을 보유하고, 카카오 지분 9%를 가지고 있다.

중국 기업의 한국 투자 증가는 기회이자 위협이다. 중국이 한국 기술만 빼 먹고 버리는 것은 아닐지 우려가 크다. 기술 개발 속도가 너무 빠른 요즘, 내가 가진 기술을 빼앗길까봐 우려하는 사이에 더 중요한 시장을 빼앗긴다. 기술을 주고 시장을 언되, 더 혁신적인 기술을 빠르게 개발해야 한다. 군사 기술에 투자를 많이 하는 이스라엘은 군사 기술로 기업을 만든 다음 구글 등 미국 기업에 수조 원에 매각한다. 기술 유출을 두려워하지 않고 산업을 키운다. 큰 내수 시장이 없는 한국은 중국과 파트너십을 맺어 중국 시장에 동반 진출해야 한다. 좁은 내수 시장에서 벗어나 13억 중국 시장을 내 앞마당으로 삼아야 한다.

성장을 이끄는 규제 완화, 새 술은 새 부대에

세계경제포럼 평가에 의하면 한국의 국가 경쟁력은 2016년 138개 국가 중 26위였지만, '정부 규제 부담' 항목에서는 105위였다. 국가 경쟁력을 정부 규제가 깎아 먹고 있는 분위기다. 토끼처럼 뛰어야 하는 기업을 거북이처럼 늦은 규제가 발목을 잡아, 기업은 규제보다 더 멀리 나아갈 수가 없다. 미국, 중국에서는 신기술이 시장에서 성공한 뒤 규제가 등장하는 반면, 한국은 규제 기관의 승인을 먼저 받아야 사업화가 가능하다. 규제가 제때 만들어지지 않아 혁신적인 아이디어가 있어도 사업을 포기해야 하는 것이 한국의 현실이다. 규제에 맞게 비즈니스 모델을 덜 혁신적으로 바꾸느라 시간을 허

국가 분야별 경쟁력			
	국가 경쟁력	기술 경쟁력	규제 수준
스위스	1	1	7
미국	3	14	29
일본	8	19	54
한국	26	28	105
중국	28	74	21

출처: 세계경제포럼 (2016년)

비하는 사이, 중국 기업은 규제에 발목 잡히지 않고 혁신적인 비즈니스를 선보여 글로벌 기업으로 성장하고 있다. 중국은 정부가 스타트업에 직접 투자하고, 이들이 개발한 제품과 서비스를 공공 분야에 적용해 시장을 키운다. 규제를 전향적으로 바꾸지 않는 한, 판을 바꾸는 혁신적인 비즈니스가 한국에서 등장하기는 어렵다. 한국 스타트업은 뒷북만 치다 뒤처지게 된다. 신산업이란 새 술은 새로운 제도 정책이란 새 부대에 담아야 한다.

빅데이터는 미래 기업의 석유라고 부르는 소중한 자원이다. 빅데이터의 경쟁력은 데이터가 얼마나 크고 다양한가에 따라 결정된다. 중국, 미국, 한국이 똑같은 규제를 받을 때, 국가 규모 차이로 대략 중국은 200만 개, 미국은 50만 개, 한국은 10만 개의 데이터를 수집할 수 있다. 한국처럼 작은 국가는 큰 나라들보다 규제를 더 완화해야 겨우 같은 경쟁력을 가질 수 있다. 구글, 알리바바, 아마존은 전 세계에서 확보한 글로벌 데이터로 글로벌 소비자에게 맞춤형 서비스를 제공하고 있으며, 소비자도 더 나은 서비스를 제공하는 곳으로 움직인다. 한국 기업이 경쟁력을 가지려면, 빅데이터 경쟁력을 높일 수 있도록 전향적으로 제도를 개선해야 한다. 4차 산업혁명의 원유인 빅데이터 생산국이 될 것인지 수입국으로 전락할 것인지 조속한 사회적 합의가 필요하다.

전 세계가 미래 자동차 시장인 자율주행차 시장을 선점하기 위해 사활을 걸고 있다. 미국은 자율주행차 패권을 유럽과 중국에 빼앗길 수 없다며, 국가가 나서 혁신을 가로막는 모든 규제를 철폐했다. 공화당과 민주당이 초당적으로 손잡고 미국 하원이 '자율주행 법안'을 만장일치로 통과시켰다. 기존에는 미국 자동차 회사들이 업체당 2,500대씩 자율주행차를 운영할 수 있었지만, 새로운 법안이 상원을 통과하면 2만 5,000대의 자율주행차를 운영할 수 있다. 법안 통과 후 1년이 지나면 업체별 5만 대로, 그 이듬해부터는 10만 대로 확대된다.

미국의 각 주는 무인차 시장의 센터가 되기 위해 앞다투어 규제를 완화하고 있다. 애리조나주는 운전자가 탑승하지 않아도 무인차 테스트를 할 수 있도록 주법(州法)을 개정했고, 웨이모, 우버, 인텔 등 무인차 개발 업체를 유치했다. 미시간주는 무인차를 판매할 수 있도록 법을 개정하는 중이다.

한국은 낡은 자동차 정책에서 한발도 나가지 못했다. 4차 산업혁명 시대를 대비해 2016년 5월에 발의한 규제 프리존 특별법은 2018년 1월까지도 국회에 계류되어 있다. 미래 시장인 자율주행차에 뒤처지면 한국의 자동차 산업도 무너질 수 있다. 자율자동차 산업을 성장시키는 방향으로 법과 제도를 시급하게 정비할 필요가 있다.

중국이 디지털 G1이 되는
시나리오를 생각할 때

"중국이 어렵겠네!" 이 책을 쓰는 도중에 이야기를 나눈 대다수 전문가들의 의견이었다. 실제로 무역 전쟁의 초기 단계에서 미국이 기선을 제압한 것으로 보인다. 미국의 대중 수입액은 2017년 기준 5,050억 달러로 중국의 대미 수입액 1,300억 달러의 4배다. 그만큼 미국이 추가 관세를 퍼부을 수 있는 실탄이 많다. 또한 미국은 현재 경기가 호황이기 때문에 금리를 올려 언제든 달러 강세로 해외자금을 빨아들일 수 있다. 반대로 중국은 경기 둔화기여서 미국처럼 금리를 올리기 어렵고 따라서 위안화 약세와 자본 유출이 잔뜩 신경 쓰이는 게 사실이다. 실제로 이미 주식과 외환 시장에선 이를 빠르게 반영하는 모습이다. 3월 22일 통상법 301조에 기초한 대중 제재 조치가 발표된 후 지금까지 상하이종합지수는 20% 가량 하락했고, 달러 대비 위안화 환율도 9%나 급락했다. 시장에서는 중국 당국의 강력한 해외송금 규제가 없었다면 위안화 하락 폭이 더 컸을 것이라는 의견까지 나온다. 중국은 2018년 상반기에만 12개의 대형 회사채가 부도 처리되었을 정도로 기업의 부채 부담이 커서 수출 통로마저 막히면 기업의 도산 압력이 그만큼 커질 수 있다. 중국 기업의 부채는 현재 GDP의 160%대 후반으로 일본이 버블 정점(1989년) 때 기록한 132% 보다 훨씬 높기 때문에 경우에 따라서는 금융 위기의 뇌관이 될 수도 있다는 얘기도 나온다.

그러나 소수의 다른 목소리도 있다. 당장 중국이 실제로 받는 타격은 생각만큼 크지 않다고 보는 시각이다. 첫 번째로 통계 분석에 따르면 중국의 대미 수출 가격 탄력성(1% 가격 상승 대비 수출액 감소율)은 최대 1.5라고 한다. 따라서 최대치 1.5와 1·2차 관세 폭탄 수입 상당액과 초과 관세율((500억 달러, 2,000억 달러에 대해 각각 25%, 10%)을 다 두들겨 맞는다 해도 중국의 대미 수출 감소분은 487억 5,000만 달러(500억 달러×25%×1.5+2000×10%×1.5)다. 이는 2017년 중국의 GDP 12조 달러의 약 0.4% 수준으로 그리 치명적이지 않다. 게다가 중국 수출액의 약 절반은 세계 각처의 부품업체에 지불해야 하는 금액이므로, 이를 감안하면 대미 수출 감소가 중국 성장률에 주는 직접적인 영향은 0.2%로 줄어드는 셈이다.

두 번째, 10년 전의 리먼 쇼크 때는 중국의 소비 시장이 GDP의 약 30%에 불과했다. 따라서 세계 경기 침체를 극복하고 성장과 고용을 유지하려면 대대적인 투자가 불가피했다. 하지만 지금은 상황이 상당히 다르다. 중국 소비가 GDP의 50%를 상회하는 데다 도시의 노동력 수요를 나타내는 구인배율(구직자 1인당 일자리 비율)이 리먼 쇼크 때의 0.85보다 훨씬 높은 1.23이다. 즉, 노동력이 오히려 부족하다는 얘기다.

세 번째, 단기적으로는 미국이 유리하지만 중장기적으로는 수입 물가 부담이 커지는 미국이 불리하다는 분석도 있다. 예컨대 OECD는 미국, 중국, 유럽이 관세를 모두 10% 올리면 세계 경제성장률은 1.4% 하락하는데, 국가별로는 미국이 -2.2%, 유럽이 -1.8%, 중국이 -1.7%로 미국의 타격이 가장 심할 것으로 보고 있다. 단기간에 승부를 내지 못할 경우, 예컨대 2019년 들어 미국 경기가 둔화하는 상황 변화라도 생기면 싸움의 양상이 꽤 달라질 수 있다고 보는 이유다.

네 번째, 미국 경기도 마냥 좋은 것은 아니라는 분석이 나온다. 미국의 장단기 금리차가 줄어들었기 때문이다. 2010년 4월 한때 거의 3% 포인트까지 벌어졌던 미국채 10년물과 2년물의 금리차는 그 후로 계속 줄어서 2018년 5월에는 0.5% 포인트, 8월 말부터는 0.2% 포인트까지 급락했다. 한마디로 이 추세면 장단기 금리가 곧 역전될 수도 있는데, 이는 '만기가 길수록 금리도 높다'(장고단저: 長高短低)라는 채권의 일반이론에 정면 배치된다. 현재 글로벌 시장에서는 향후 장단기 금리가 역전되어 미국의 경기 침체로 연결되는 것은 아닌지 의견이 엇갈리고 있다. 한쪽에서는 장단기 금리의 역전은 강력한 경기 침체의 시그널이라고 말한다. 채권 속성상 만기가 길면 불확실성이 커서 기회비용으로서의 금리도 당연히 높아야 한다. 따라서 미래 경기가 비관적이어서 기업 등이 장기투자를 꺼리고 주로 단기로 자금을 조달하기 때문에 장기 금리가 떨어진다는 게 이들 주장의 핵심이다. 과거 경험으로 보면 이 의견은 나름 설득력이 있다. 씨티그룹 분석에 의하면

1960년대 이후 지금까지 나타난 9번의 장단기 금리 역전 현상 중 7번(78%)이나 경기 침체로 이어졌기 때문이다. 다른 쪽은 최근의 장단기 금리차 축소는 저인플레이션의 산물이라고 말한다. 경제학자 마이클 바우어는 최근에는 기술혁신 등의 환경 변화로 인플레이션 기대가 낮아져 장기 금리 상승을 억제하고 있다고 주장한다. 이런 상황에서 미 연준이 기준 금리를 인상하니까 직접 영향을 받는 단기 금리만 크게 상승해, 장단 금리를 잇는 수익률곡선이 평탄(flat)해지고 있다는 설명이다. 다시 말하자면 장단기 금리차가 준다고 해도 경기 침체 우려는 아니니까 너무 걱정하지 말라는 얘기다. 미 연준도 시장의 걱정을 덜어주기 위해서인지 서둘러 〈Don't fear the yield curve(수익률곡선을 두려워 말라)〉라는 분석 보고서를 내고, 장단기 금리차가 경기선행지표로써 반드시 유효한 것은 아니라는 견해를 발표했다. 과연 어떤 의견이 맞을까? 두 의견 모두 일리가 있다고 생각하지만, 개인적으로 장단기 금리가 역전될 경우 경기 침체 가능성이 높다는 쪽에 한 표를 던지고 싶다. 왜냐하면 미국은 현재 2008년 리먼 사태 이후 거의 9년째 경기 확장 국면인데다 1년 가까이 실업률 4% 전후의 완전고용 상태이다. 즉, 굳이 10년 주기설을 들먹거리지 않더라도 경기 확장의 마지막 단계에 와있다는 느낌이다. 또한 미중 무역 전쟁이 단기간에 끝나지 않을 거라는 점과 4%를 뛰어넘는 성장률, 그리고 사상 최고치의 주가에 가려 있지만 미국의 쌍둥이 적자 확대가 재연되고 있다는 점 등도 경기 피크아웃을 떠오르게 하는 요소다. 물론 그렇게 되면 미국도 내부 문제 때문에 강공을 계속하기는 쉽지 않을 것이다.

이렇게 무역 전쟁에서 중국이 단기적으로 미국의 공세를 견뎌낼 수 있다면 국면이 바뀔 수 있다. 미중 간의 싸움이 단순히 미국의 대중 무역 적자 축소가 아니라 미중 간 기술 패권 다툼임이 점점 더 분명하게 드러나고 있다. 미국은 '제조 2025'로 기술 패권을 넘보는 중국을 결코 좌시하지 않겠다는 입장이다. 중국은 패러다임 전환기를 맞아서 디지털 플랫폼을 기반으로 한 미래 기술에서의 패권을 기반으로 G1이 되겠다는

중국이 이긴다

국가 목표를 공식화했다. 두 나라 사이의 타협이 쉽지 않은 이유이다.

대표적으로 최근 5G 통신과 인공지능 개발에서 주도권을 잡기 위한 미국과 중국의 경쟁과 대립이 갈수록 치열해지고 있다. 5G 통신망은 초고속, 초연결성이 장점이기 때문에 4차 산업혁명의 핵심기술인 빅데이터와 인공지능의 활용에 필수 요소이다. 현재 우리가 쓰는 4G 통신까지는 미국이 독보적이었다. 그렇기 때문에 모바일 기술과 디지털 플랫폼에서 미국이 단연 우위를 차지할 수 있었다. 5G 전문가 로저 엔트너는 미국이 4G를 주도함으로써 얻은 직접적인 이익만 1,250억 달러(약 140조 원)에 이른다고 추정한다. 현재 5G를 둘러싸고 우리나라를 포함해 미국과 중국, 일본 등 정보통신 강국들이 각기 기술 개발에 매진하고 있지만 이 중에서 특히 중국의 전력 질주가 주목받고 있다. 시험적으로 몇 개 도시(댈러스, 애틀랜타 등)에만 5G망을 깔고 있는 미국과 달리 중국은 2020년까지 중국 전역의 수십 개 도시를 대상으로 구축하고 있다. 누가 최종 주도권을 확보할지 아직은 예단하기 어렵지만 적어도 다음 세 가지 측면에서는 중국이 강점을 갖고 있다. 첫째, 중국 정부의 국가 최우선적인 정책 지원이다. 중국 정부는 2013년부터 지금까지 화웨이 등 민간 통신사들과 제휴하며, 실험과 개발을 강력히 지원했다. 반면 미국 정부는 전통적으로 민간과 직접 협력하지는 않는다. 따라서 정부 역할이 민간 개발 결과의 보급에 한정된 만큼 정책 지원 면에서 중국에 비해 약하다. 둘째, 중국은 인구가 14억 명으로 미국의 거의 5배에 달하는 거대한 시장을 갖고 있다. 그런 만큼 중국 통신사들은 이를 위해 대규모 자본을 투자할 수 있을 뿐만 아니라 내수시장을 선점하게 되면 대규모의 소비자 빅데이터도 수집할 수 있어 이를 기술 개발에 계속 활용할 수 있는 장점이 있다. 방대한 빅데이터 확보는 인공지능 기술 개발의 핵심 선결 조건이라는 점에서 이는 미국에 대해 중국이 갖는 확실한 장점이 될 수 있다. 셋째, 기지국의 개수도 중국이 가진 강점이다. 5G는 주파수가 근접해서 원거리통신이 어렵다는 게 난제 중 난제다. 예컨대 4G는 한 기지국에서 최대 10마일(16㎞)까지 전파를 보낼 수 있지만 5G는 현재 최대 전송 거리가 1000피트(300m)에 불과하다. 따라서 5G망을 광범위하게 깔려면 수십만 개의 기지국이 필요한데, 그만큼 거액의 자금이 필요하다. 지난 8월의 딜로이트 조사에 따르면 중국이 2015년 이후 건설한 기지국 수는 약 35만 개인 반면, 미국은 3만 개에도 미치지 못한다고 한다. 또 1인당 기지국 수로 봐도 중국은 1만 명당 14.1개인 데 반해 미국은 4.7개로 3배 이상 차이가 난다. 이 때문에 최근 미국에서는 5G 경쟁에서 중국에 뒤처질 가능성을 경고하는 목소리가 더 커지고 있다.

중국 정부는 다소 늦은 2015년부터 국가 차원에서 인공지능에 '올인'하기 시작했다. 2015년 공안부 주도로 천망 계획이 본격적으로 시작됐다. 하늘이 쳐 놓은 빈틈없는 그물망이란 뜻의 천망은 중국 인공지능 기술의 상징으로 떠올랐다. 중국의 1억 7,000만 대에 이르는 감시카메라와 2,000만 대의 CCTV에는 대부분 안면인식 기술이 탑재되어 있으며, 이를 통해 중국인 14억 명 중에서 누구인지를 3초 만에 90%의 확률로 맞출 수 있다고 한다. 이어서 2016년 바이두의 '대뇌 프로젝트', 2017년 7월엔 국가 전략으로 'AI 2030'이 발표됐다. 후발주자인 중국이 인공지능에서 거둔 성과는 이미 미국과 어깨를 나란히 하고 있어 그 발전 속도에 놀라지 않을 수 없다.

첫째, 중국은 인공지능 관련 논문과 특허 건수에서 세계 1위다. 칭화대학교의 '2018 중국 인공지능 발전보고서'에 의하면 지난 20년간 발표된 중국의 인공지능 논문 수는 37만 건(전체의 27.7%)으로 미국의 32만 7,000건을 넘어섰다. 3위는 영국의 9만 7,000건, 4위는 일본의 9만 4,000건으로 1, 2위에 한참 뒤처진다. 특허도 2016년엔 미국이 1위였으나 2017년엔 중국이 미국을 추월했으며, 특히 딥러닝(심층 학습) 부문은 미국의 6배라고 한다.

둘째, 중국은 2017년 기준 총투자액의 70.1%(277억 달러)를 인공지능 관련 투자가 차지하고 있어 거의 전 역량을 집중하고 있음을 알 수 있다. 업종별로 보면 이 중에서도 비주얼 컴퓨팅이 34.9%로 가장 많고, 다음은 인공지능 언어(24.8%), 자연어 처리(21.0%) 순이었다.

셋째, 아직 전문 인력과 기업 개수에서는 아직 미국에 이어 2위에 머물러 있다. 전문인력 규모에서는 미국이 2만 8,536명(13.9%), 중국은 1만 8,232명(8.9%)이며, 인공지능 기술에 막강한 영향력을 가진 핵심인력 면에서는 미국이 5,158명으로 중국의 977명에 비해 여전히 압도적이다. 인공지능 기업 수도 미국이 2,028개로 1,011개인 중국의 약 2배 수준이다. 그러나 최근 중국의 인공지능 관련 기업 창업이 연간 200~300개에 이르러 미국의 약 3배에 달할 정도로 활발해서 수년 내 미국을 뛰어넘을 전망이다.

중국 정부의 'AI 2030' 전략은 시진핑 국가 주석이 직접 나서서 강조하고 있는 국가 최우선전략 중 하나다. 인공지능 기술의 발전 단계를 3단계로 나누어, 2020년까지 인공지능 기술을 세계 선진 수준으로 높이고, 2025년에는 인공지능 기술 중 일부에서 세계 정상이 되고, 2030년에는 인공지능 전 분야에서 세계 최고가 되겠다는 계획이다.

　민간 기업, 특히 배트맨(BAT: 바이두, 알리바바, 텐센트)을 필두로 한 ICT 기업들 간의 치열한 경쟁도 인공지능 분야에서 중국의 빠른 발전을 가능케 하는 동력이다. 예컨대 바이두는 인공지능을 활용한 세계 최대 규모의 자율주행차 프로젝트를 추진 중이다. 중국 자동차 회사뿐 아니라 포드, 다임러 등이 참가하고 있는 이 프로젝트는 2018년 핸들 없는 버스 생산, 2020년 완전 자율주행차 생산을 목표로 하고 있다. 알리바바는 스마트시티에 올인하고 있다. 실제 실험에서도 항저우에서 교통 체증을 15.3% 줄이는 성과를 거뒀고, 사고 발생 후 파악까지 20초면 충분한 시스템을 구축했다. 조만간 이 시스템을 만성적인 교통 체증으로 고민 중인 말레이시아 수도 쿠알라룸푸르에도 도입할 것이라고 한다. 텐센트는 인공지능의 핵심 중 하나인 의료 영상 분야에서 발군의 성과를 보이고 있다. 특히 텐센트는 조기 암 진단에 집중해서 의료 영상 빅데이터 분석을 통해 육안으로는 도저히 판독할 수 없는 암의 초기 징후

중국이 이긴다

까지 포착해내고 있다. 이전에는 10% 미만이었던 중국의 식도암 조기 발견율을 텐센트의 이 시스템으로는 90%까지 끌어올렸다고 한다.

'AI 2030' 계획에 훨씬 앞서 이미 중국이 세계 최고에 오른 인공지능 분야도 출현하고 있다. 비주얼 컴퓨팅, 즉 안면인식 기술이다. 2018년 6월 상하이에서 개최된 '2018 글로벌 AI 서밋'에서 톱 10개 사 중 무려 4개 사(상탕커지, 광스커지, 원중커지, 이엔선커지)가 안면인식 기술 회사였다. 이들 기업의 가치는 각기 10~50억 달러로 모두 유니콘 기업이다. 전문가들은 중국의 인공지능 산업은 최첨단 기술만 개발하는 스타트업 단계를 벗어나 실용화, 상업화하는 2단계로 접어들었다고 평가한다.

"우리는 어떻게 해야 할까?" 이 책을 쓰는 내내 머릿속을 사로잡았던 질문이다. 미래 성장동력이 잘 보이지 않는다고 우려하는 대한민국은 중국의 미래 전략을 어떻게 이해하고 대응해야 할까? 중국에 대한 이해와 대응에 따라 중국의 디지털 G1 전략은 우리에게 최고의 기회가 될 수도 있고, 반대로 미래에 대한 큰 위협이 될 수도 있다.

머니투데이, 미·중 분쟁과 중국의 두 시각, 2018.11.2.

머니투데이, 치열한 미·중 '5G 주도권 경쟁', 2018.10.2.

머니투데이, 미·중 무역 전쟁의 소수 의견, 2018.9.4.

머니투데이, 세계 톱 꿈꾸는 중국의 인공지능, 2018.8.3.

머니투데이, 중국의 아마존 '징둥', 2018.7.3.

머니투데이, 중국 이노베이션의 대명사 '선전', 2018.6.8.

머니투데이, 미·중 무역 마찰은 경제패권 쟁탈전의 서막, 2018.5.2.

머니투데이, '아세안-中 시장 통합' 새 비즈니스 기회로, 2018.4.3.

머니투데이, 동남아 패권 노리는 알리바바, 2018.3.2.

머니투데이, '디지털 G1' 정책 가속화, 2018.2.2.

머니투데이, 현대화 강국과 中國夢, 2017.11.3.

머니투데이, 비트코인·가상화폐 옥죄는 중국, 2017.9.12.

머니투데이, 스마트폰 생활 서비스 확대일로, 2017.7.4.

머니투데이, 굴기하는 인터넷 은행, 2017.4.25.

머니투데이, 가열되는 택배산업 전쟁, 2017.4.11.

머니투데이, 새 수출거점 된 서부 내륙, 2017.3.28.

머니투데이, 세계 2위 中 벤처 시장, 2017.2.28.

머니투데이, 급성장하는 드론산업, 2016.12.6.

머니투데이, 농촌도 인터넷쇼핑 확산, 2016.11.8.

머니투데이, 평안보험의 핀테크 혁신, 2016.10.11.

머니투데이, 중국의 산업용 로봇 급성장, 2016.9.27.

머니투데이, 중국의 부실채권 정리, 2016.9.13.

머니투데이, 세계 최대 中 전기차 시장, 2016.8.16.

머니투데이, 중국 소비 패턴의 양극화, 2016.6.21.

머니투데이, 대륙에 열린 매머드급 공유경제 시장, 2016.5.24.

머니투데이, 중국의 O2O 시장 변화 바람, 2016.4.12.

머니투데이, 중국 산업로봇 '거침없는 질주', 2016.3.15.

머니투데이, 중국 '온라인 구매' 전방위 확산, 2015.12.8.

머니투데이, 제조업 혁신 시동 거는 중국, 2015.11.10.

머니투데이, 중국의 'P2P 대출' 폭발적 붐, 2015.10.27.

머니투데이, 중국의 전자상거래 혁명, 2015.5.12.

머니투데이, 한국의 100배 '중국 창업 열풍', 2015.4.28.

머니투데이, AIIB를 둘러싼 각국의 셈법, 2015.3.31.

머니투데이, 중국, 이젠 기술 혁신 모드로, 2015.2.17.

머니투데이, 중국, '신창타이' 경제 본격 진입, 2015.1.6.

머니투데이, '중국판 마샬 플랜'의 야심, 2014.12.23.

머니투데이, 중국 금융가도 핀테크 열풍, 2014.11.25.

머니투데이, 21세기 실크로드 건설과 신전략, 2014.6.24.

머니투데이, 중국의 산업클러스터를 활용하라, 2013.11.5.

머니투데이, 중국 금융개혁의 영향과 전망, 2013.7.30.

머니투데이, 중국 지방도시 소비의 고성장, 2013.5.21.

머니투데이, 중국 고성장의 원동력, 2013.2.26.

아주경제, 美 중간선거와 미·중 무역전쟁, 2018.10.17.

아주경제, 미·중 무역 전쟁 장기화 중국 금융위기 뇌관될 수도, 2018.8.5.

아주경제, 중국은 미국 국채를 팔아치울 수 있을까, 2018.7.4.

아주경제, 중국, 후룬퉁 등 증시 개방으로 증시 안전판 늘려, 2018.05.16.

아주경제, 어떻게 하면 창업을 활성화하고 성공 확률을 높일 수 있을까, 2018.1.31.

아주경제, 중국 경제규모, 미국을 추월할 수 있을까, 2018.1.4.

아주경제, 중국 기업의 포천 '글로벌 500대 기업' 약진, 2017.11.15.

아주경제, 알리바바의 신용평가시스템, 지마신용(芝麻信用), 2017.10.11.

이데일리, 4차 산업혁명 맹주로 떠오른 중국, 2016.12.22.

이데일리, 마윈 알리바바 회장의 '인터넷 실크로드', 2016.9.23.

이데일리, 中 개인 소비 잠재력에 주목해야, 2016.8.13.

디지털타임스, 美 장단금리 역전, 경기침체 신호인가, 2018.9.17

디지털타임스, [시론] 확대 예상되는 미국의 쌍둥이 적자, 2018.8.16.

디지털타임스, [포럼] 위안화 하락, 금융전쟁으로 확전될 수 있다, 2018.7.15.

디지털타임스, [포럼] 미중 무역보복, 금융 대비책 세워라, 2018.6.24.

디지털타임스, [이슈와 전망] '유니콘 요람' 중국서 배워라, 2018.4.29.

디지털타임스, [이슈와 전망] 가속화되는 중국 '이노베이션 굴기', 2018.3.11.

조선비즈, [이코노미조선] 변장한 범죄자 얼굴도 식별… AI로 무장한 중국 감시카메라,

2017.11.30.

조선일보, '모바일 결제 大國' 중국… 거지도 스마트폰 구걸한다, 2017.11.17.

조선비즈, [격량의 車산업]③반격 나선 유럽·정상 꿈꾸는 중국… '미래차 세계대전 점화', 2017.11.14.

조선일보, 중국 핀테크 기업 쿠디안, 상장 후 첫 거래에서 40% 폭등, 2017.10.19.

조선비즈, [중국 스타트업의 고향 베이징 '중관춘(中關村)' 르포], 2017.10.12.

조선일보, 마윈의 야심, 전자상거래 넘어 인류 문제 해결사로, 2017.10.12.

IT조선, 알리바바, AI 분야에 3년간 17조원 투입… 아마존 위상 넘본다, 2017.10.12.

조선일보, 국경절 연휴에 비친 중국의 신 4대 발명, 2017.10.10.

조선일보, 알리바바, 물류 통합 서비스 구축 위해 차이나오 네트워크에 추가 투자, 2017.9.27.

조선일보, 中 바이두, 자율주행차 개발에 15억 달러 투자, 2017.9.23.

조선일보, "인민은행 법정 가상화폐 3년 전부터 전문 연구… 아직 시간표는 없어", 2017.9.22.

조선일보, 중국 '三馬'가 베팅한 온라인보험사 대박 예고… 28일 홍콩 증시 상장, 2017.9.20.

조선일보, [데이터로 읽는 중국] 中 유니콘 탄생 평균 4년, 미국은 7년 왜?, 2017.9.16

조선비즈, [오광진의 중국 기업 열전 : 모바일 뉴스앱 '진르터우탸오'], 2017.9.15.

조선비즈, [스마트 클라우드쇼 2015] "구글·페이스북 나와라" 중국 龍들의 포효, 2015.9.14.

조선비즈, 중국 서비스용 로봇 역습에 위협 느낀 일본, 2017.9.6.

조선일보, 중국 AI에 재테크 묻다… 화웨이 알리바바도 로보어드바이저 진출, 2017.8.29.

조선일보, 中 최대 배달앱 어러머, 8억 달러에 와이마이 인수… 업계 1위 굳혀, 2017.8.25.

조선비즈, 한국 ICT 경쟁력 美의 80%… 인공지능은 中에도 뒤져, 2017.8.14.

조선일보, 中 선전, 실리콘밸리보다 10배 싸고 10배 빠르다, 2017.7.29.

조선일보, 中 금융과 인터넷 거인들의 동맹 확산… 핀테크 열국지, 2017.6.28.

조선비즈, [금융 빅데이터 전쟁]① '21세기 석유, 빅데이터… 선진국은 국가산업으로 육성, 2017.6.12.

조선일보, '스마트팩토리' 주도권 누가 잡나… 한국 바짝 쫓는 中 철강업계, 2017.5.26.

조선일보, 우버는 짐 싸고, 삼성 휴대폰은 8위… 중국은 글로벌 기업의 무덤, 2017.5.9.

조선비즈, 거세지는 中 로봇굴기 "2020년에 66조원 규모 예상, 2017.4.6.

조선일보, 비트코인도 中 자본 유출 경로됐나… "中 당국, 해외이전 규제", 2016.11.4.

조선비즈, 중국 '기술 굴기' 본격화, 2016.10.14.

kotra 해외시장뉴스, 항저우, 중국 최고의 스마트시티로 거듭나나, 2018.2.27.

kotra 해외시장뉴스, 세계 최대 로보시장 중국, '로봇 굴기' 선포, 2016.4.29.

kotra 해외시장뉴스, 중국의 新 경제성장견인책… 인터넷 플러스(互聯網+), 2015.3.31.

중앙일보, 중국 거래소 폐쇄 소식에 비트코인 가격 급락, 2017.9.15.

중앙일보, [김재현의 차이나 인사이드] 中 비트코인 광풍, 따마(아줌마)까지 가세, 2017.7.2.

모비인사이드, [유재석의 중국 이모저모] 차이냐오 : 알리바바 데이터 기술(DT)의 정수,
    2017.9.7.

서울신문, [지역경제 활성화 포럼] "산골도시도 상전벽해… 빅데이터 센터 성공은 지진 없는
    자연조건 덕", 2017.7.10.

연합뉴스, 中 신동력 '빅데이터' 집중육성… 국가빅데이터센터 설립, 2017.5.18.

중국 국무원, 新一代人工智能发展规划, 2017.7.8.

중국 국무원, 国务院发布《中国制造 2025》, 2015.5.8.

Goldman Sachs, China's Rise in Artificial Intelligence, 2017.8.31.

세계경제포럼, The Global Competitiveness Report 2016-2017

권도현·김윤경, 중국 그림자금융 현황 및 평가, 국제금융센터, 2018.8.28

중국이 이긴다

중국이 이긴다

지은이 | 정유신

1판 1쇄 발행 | 2018년 12월 14일
1판 2쇄 발행 | 2019년 1월 15일

펴낸곳 | (주)지식노마드
펴낸이 | 김중현
디자인 | 제이알컴
등록번호 |제313-2007-000148호
등록일자 | 2007. 7. 10

(04032) 서울특별시 마포구 양화로 133, 1201호(서교동, 서교타워)
전화 | 02) 323-1410
팩스 | 02) 6499-1411
홈페이지 | knomad.co.kr
이메일 | knomad@knomad.co.kr

값 15,000원

ISBN 979-11-87481-47-8 03320

이 도서의 국립중앙도서관 출판예정도서목록(CIP)은
서지정보유통지원시스템 홈페이지(http://seoji.nl.go.kr)와
국가자료종합목록시스템(http://www.nl.go.kr/kolisnet)에서 이용하실 수 있습니다.
(CIP제어번호 : CIP2018037010)

* 잘못 만들어진 책은 구입하신 서점에서 교환해 드립니다.